JN324430

書下ろし

冠婚葬祭からビジネスまで

徹底比較！日中韓 しきたりとマナー

監修 一条真也 編著 造事務所

祥伝社黄金文庫

はじめに
「礼」の精神と日中韓

本書は、日本・中国・韓国の「しきたり」を徹底比較しながら紹介する本である。まことに残念だが、現在の日本と中国・韓国両国との関係は良好とは言いがたい。いや、尖閣諸島や竹島をめぐって、近年では最悪の状態にあると言えるだろう。中国と韓国は、日本にとっての隣国である。隣国というのは、好き嫌いにかかわらず、無関係ではいられない。まさに人間も同じで、いくら嫌いな隣人でも会えばあいさつをするものだ。それは、人間としての基本でもある。

この人間としての基本を「礼」という。「礼」は、2500年前の中国の春秋戦国時代において、他国の領土を侵さないという規範として生まれた。

その「礼」の思想を強く打ち出した人物が、かの孔子《こうし》である。逆に「礼」を強く否定した人物が秦《しん》の始皇帝《しこうてい》であった。なぜなら、始皇帝は自ら他国の領土を侵して広大な中国を統一する野望を抱いていたからだ。

始皇帝は『論語』をはじめとする儒教書を焼き払い、多くの儒者を生き埋めにした。これが、世にいう「焚書坑儒《ふんしょこうじゅ》」である。人類史上に残る愚行とされている。しかし、始皇帝が築いた秦帝国はわずか14年間しか続かなかった。しょせんは「人の道」を踏み外した人間の作った国など、長続きしなかったのである。

わたしは、日ごろから「礼」とはマナーというよりもモラル、平たくいって「人の道」であると思っている。原始時代、わたしたちの先祖は、人と人との対人関係を良好なものにすることが、自分を守る生き方であることに気づいた。相手が仲間だとわかったら、抱き合ったり、敬意を示すために平伏したりした。このような行為が「礼」の起源だった。「礼」は最強の護身術であり、究極の平和思想なのである。

わたしは、著書や講演などで「礼」の重要性を訴えるとともに、大学の客員教授として「孔子研究」の授業を担当している。学生の中には、中国や韓国からの留学生もたくさんいる。儒教は中国で生まれ、朝鮮半島を経て、日本に伝えられた。それなのに日本人のわたしが、中国人や韓国人に「礼」を説いているわけだ。『論語』と儒教精神の普及に貢献したとして、わたしは「孔子文化賞」を世界孔子協会から授与されたが、日中韓の人々の心には孔子の「礼」の精神が流れていると信じている。今こそ、その究極の平和思想としての「礼」を思い起こさなければならない。それには、たがいの違いだけでなく、共通点にも注目する必要がある。

たとえば、日中韓の人々はいずれも梅の花を愛する。日本では桜、韓国ではむくげ、中国では牡丹《ぼたん》が国花だが、日中韓で共通して尊ばれる花こそ梅なのである。梅は寒い冬の日にいち早く香りの高い清楚《せいそ》な花を咲かせる。それはまさに気高い人間の象徴といえるだろう。日本人も中国人も韓国人も、いたずらにいがみ合わず、偏見を持たず、梅のように気高い人間を目指すべきではないだろうか。

本書の刊行が、東アジアの平和につながることを願ってやまない。

一条《いちじょう》　真也《しんや》

日中韓の3つのつながり

つながり①

国同士の交流

飛鳥時代には遣隋使を、奈良時代・平安時代には遣唐使を中国に派遣していた日本。中国と朝鮮半島の王朝が変わっていっても、ときに距離を置きながらも交流は続いてきた。

つながり②

文化の交流

中国から、漢字などさまざまな事物が朝鮮半島を経由して伝えられた。それらをもとに、現在の日本文化は築かれてきた。

つながり③

似ている風土

日中韓の風土は似ており、共通の暦（旧暦）をもとに生活を送っていた。中秋など共通の伝統行事が今も残る。

日中韓 しきたりとマナー 目次

パート2

冠婚葬祭

パート3 伝統行事

パート4

子育てと教育

パート5

ビジネスマナー

スタッフ　文・佐藤賢二、菊池昌彦／デザイン・吉永昌生／イラスト・関谷英雄

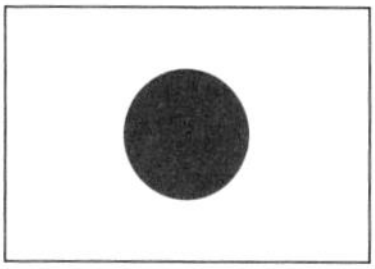  

パート1

ライフスタイル

知って
おこう
❶

伝統を残しつつ進む欧米化

日中韓の生活の違いが、徐々になくなってきている。

◉外国なのにどこかで見たような街中の風景

現代の、それも都市部に限っていえば、日中韓の生活スタイルにそれほど大きな違いはない。それは、日中韓いずれかの文化に統一されたというよりも、生活スタイル全体が欧米化したことが大きい。

街中にはフライドチキンやハンバーガー、カフェなどのチェーン店が並び、各種ブランドがテナントに入ったショッピングモールに若者が集まる。看板こそ中国語やハングルという違いがあるだけで、日本の繁華街と似たような光景が広がる。

ファッションも洗練され、若者はストリート系のおしゃれなスタイルで、昔のようにひと目で中国人、韓国人を見分けるのはむずかしい。

都市部ではマンションが多く、K－POPを聞き、日本のアニメを見て、中華料理を食べるなど、生活面で日中韓の境界線はほぼなくなってきたといえるだろう。

◉日常生活で遭遇するちょっとした違い

それでも国ごとの習慣には違いが出てくる。

たとえば大勢での食事なら、日本は出てきた料理を自分の取り皿に移してから食べる。中国も取り皿を使うが、食べきれない量の料理が出てくる。そして韓国はひとつの鍋を囲み、取り皿に移さずに直接、料理を口にする。

ほかにも、中国と韓国の自動車は右側通行だが、香港やマカオは左側通行。電圧は日本が100Vなのに対して中韓は220Vになっており、中国と韓国で日本製品を使うなら変圧器が必要など、細かい部分をあげていけばキリがない。似ている部分が多いからこそ、こうしたちょっとした生活スタイルの違いが興味深いのだ。

衣 さまざまな色の伝統衣装

カラフルな色づかいと地味な色の差はどこから?

漢服をもとにできたチマ・チョゴリ

日中韓の伝統衣装といえば日本は着物、中国はチャイナドレス、韓国はチョゴリ（韓服《ハンボッ》）をイメージする人は多い。このようなイメージが定着したのは、17~18世紀のことだ。

もともと日中韓の古代の衣装は、中国の漢《かん》民族の服装（漢服）を手本としており、それにアレンジが加えられて日韓両国で定着していった。

チャイナドレスが中国の伝統衣装と見られるようになったのは、17世紀に満州族が建国した清《しん》王朝のもとで人々に普及したからだ。それ以前の中国で着られていいた

日中韓の伝統衣装

中国の漢服が原型となって、日本と韓国の伝統衣装が生まれた。

漢服は、ゆったりとした造りで女性の肌の露出は控えめだった。

その漢服の影響を受けた初期のチョゴリや、平安時代の十二単《じゅうにひとえ》の下につける袴《はかま》などは、構造上の違いはあったにせよ、見た目は漢服に似ていた。

そのため、日中韓の伝統衣装の違いがわからないという人は多い。中国では浴衣によく似た伝統衣装を着た母娘が罵声《ばせい》を浴びせられたり、韓国では歌手が中国風の衣装を着て歌ったところ、なぜか日本風だと問題になったこともある。

中国の高貴な色は黄、韓国は赤

日中韓の伝統衣装を見くらべたとき、真っ先に色あいの違いに気づく。日本の伝統衣装の色あいが地味なのにくらべ、中国と韓国は複数の色が使われ華やかだ。これは、古代中国の「陰陽《いんよう》五行《ごぎょう》思想」が衣装の色あいに影響しているからだ。

陰陽五行思想とは、世界は木・火・土・金・水の5つの元素で成り立っているという思想である。その5つの元素にそれぞれ、青と東・赤と南・黄と中央・白と西・黒と北という、色と方角の要素を加える。中央にあたるのが土であり、土に相当する黄色の服は、中国の皇帝しか着ることが許されなかった。

この思想は、6世紀に朝鮮半島に伝わる。そして強大な力を持つ当時の中国の皇帝に遠慮して、朝鮮半島では黄色を避け、赤をもっとも高貴な色とし、宮中では身分ごとに着られる服の色が決められていた。

平安時代、日本の宮女の服が色とりどりなことからも、中国の影響が見てとれる。

ただ、江戸時代中期に幕府が質素倹約を奨励し、派手な色の着物は禁止されたものの、明治時代中期には現代のような華やかな色の着物がふたたび着られるようになった。

伝統的とはいえないチャイナドレス

13世紀に成立したモンゴル族の元《げん》王朝や、満州族の清王朝の成立により、中国に騎馬民族らしい動きやすい服装が伝わった。やがて漢民族の服装と融合して、「旗袍《チーパオ》」という服になる。これが、チャイナドレスの原型となった。

チャイナドレスは1949年以前の、中華民国時代に流行し、定着する。チャイナドレスができたのは、わずか60年ほど前の話だ。

覚えておこう!　伝統衣装の3つのポイント

① 日中韓の伝統衣装の原型は中国の服だった。

② 中国では黄、韓国は赤が高貴な色だった。

③ チャイナドレスの起源は騎馬民族の服にある。

衣 人気のファッション

ファッションリーダーの日本の地位がゆらぐ。

着る機会が減った伝統衣装

日中韓とも、伝統衣装は冠婚葬祭や行事で着る程度で、普段着は欧米化している。結婚式でも招待客であれば、ワンピースやスーツでかまわない。もっとも日本では、花婿と花嫁の母親は和装が定番だ。韓国の女性も、両親やある程度年齢が上の親戚などは、チマ・チョゴリを着て、出席する場合が多い。

葬式で黒い服というのは当然だが、家族の葬儀となると、伝統衣装を着ることもある。とくに地方では昔の風習が残っており、韓国の「哭《ゴッ》」という儀式では、白いチョゴリを着て、喪服を脱ぐまで泣き続けなければならない。

中国で売られる日本の女性誌

『Oggi』 ↓ 『今日風采』

『Ray』 ↓ 『瑞麗』

『ViVi』 ↓ 『昕薇』

『美的』 ↓ 『美的』

日本の女性ファッション誌は、中国では誌名が変わる。

中国が流行の主戦場に

好景気にわく中国では、内容の半分以上は中国で編集されているが、『瑞麗（Ｒａｙ）』、『昕薇（ＶｉＶｉ）』といった日系ファッション誌が売られている。自分たちと顔立ちの近い日本人モデルの着こなしが、自然と中国の女性をひきつけているのだ。

欧米系のファッション誌の売り上げを抜き、日本は長らく、アジアのファッションリーダーの地位にある。

そんな中国では、長らく人民服が定

番となっていたが、とくに都市部では日本と韓国のブランドの服が人々の間に浸透している。男性は仕事用のスーツ以外は、あまりこだわらないという。女性は、日本の「ユニクロ」や韓国の「E－LAND」などのファストファッションが人気なのだ。

中でもE－LANDは、メインブランドの「E－LAND」のほか、多数のブランドを持ち、中国に4000店近くを展開。日本のファーストリテイリングの「ユニクロ」にくらべて、10倍以上の店舗数を誇っている。

中国におけるE－LANDの成功の鍵は、現地の人から見てカッコいいと思えるデザインの服をそろえた点にある。韓国の色彩感覚は派手すぎるともいえ、着ることをとまどう人も少なくない。そこで中国進出に際し、韓国の色彩感覚を押しつけず、中国人でも着やすい落ち着いたデザインの服を基調とすることで人気を博しているのだ。

韓国ブランドが定着したもうひとつの理由に、韓流スターやK－POPアイドルの存在が欠かせない。中国でも人気の少女時代やＢＩＧＢＡＮＧらを、雑誌のモデルに起用し、若い中国女性の心をつかんでいるのだ。

台頭する韓国のファッション

現在、もっともファッションに敏感なのは韓国なのかもしれない。韓国独自のポップな色彩の洋服が、若者を中心に広まっているからだ。ＢＢクリームなどの韓国コスメも日本に上陸している。女性が、整形してでもキレイになりたいという熱意は韓国ならではといえる。

男性の場合はメガネがファッションアイテムとして定着しておりメガネ男子が多い。

覚えておこう!　ファッションの３つのポイント

①中国では日本の女性誌が読まれている。
②K-POPアイドルは中国でも人気。
③E-LANDの中国店舗数はユニクロの約10倍。

食 思想を取り込む伝統料理

中国の思想が、日韓の料理にも浸透している。

中華料理の基本は「陰陽五行思想」

「足のあるものは机以外、飛ぶものは飛行機以外、水の中のものは潜水艦以外なんでも食べる」といわれるほど中国の食文化は多彩だ。

そんな中華料理の根底にあるのは、18ページでも触れた「陰陽五行思想」である。料理は、「五味・五色・五法」のバランスがとれていることが最高とされる。

さらに「医食同源（病気の治療も日常の食事も、同じように健康維持に欠かせない）」という考えのもと、食材の性質を「熱・温・平・涼・寒」に分類。暑いときは体を冷やすナスを、風邪なら体を温めるショウガをとるなどしていた。

陰陽思想にもとづく料理の基礎

五味	五色	五法
甘い	白	蒸す
塩辛い	黒（紫）	焼く
辛い	黄	煮る
苦い	赤	揚げる
酸っぱい	青（緑）	生

5つの味、色、調理法をもとに料理がつくられていた。

真っ赤な韓国料理

じつは、日本や韓国の料理にも、陰陽五行思想が受け継がれている。

3点盛りなど、日本の刺身の盛り付けに奇数が多いのは、陰陽思想でいう陽が奇数にあたるためだ。また韓国のビビンバには、ナムル・肉・青菜・人参・大根など5つの食材が使われる。

さらに韓国では、中国の医食同源に対して、食事が健康を保つ何よりの薬になるとする「薬食同源」という考えが生まれた。鶏の中に高麗人参などを詰めて煮込んだ、滋養強壮料理の蔘鶏湯《サムゲタン》が有名だ。

　思想だけでなく、風土によっても食習慣は大きく異なる。たとえば、中国では生食を避ける傾向にあるため刺身は敬遠されがちだが、韓国の海岸地帯では刺身料理を出す店は多い。唐辛子を使った甘辛い調味料「コチュジャン」などを混ぜたタレに刺身をつけ、レタスの一種のサンチュでくるんで食べる。

　また韓国料理といえば、唐辛子がたっぷり入った真っ赤な料理が数多くあるが、昔から唐辛子料理があったかというとそうではない。唐辛子が朝鮮半島に伝わったのは、豊臣秀吉《とよとみひでよし》による朝鮮出兵がきっかけとの説もある。真相はまだわかっていないが、キムチに白菜が使われるようになったのも18世紀以降だ。

　キムチの具材である白菜が日本でも食べられるようになったのは、自国で栽培されるようになった日清・日露戦争後のこと。そんな白菜の英名は「チャイニーズ・キャベツ」。原産国は中国だが、中国では大白菜《ダパイツァイ》というチンゲンサイなどの仲間という扱いで、日本や韓国ほど食されていない。

ラーメンにも違いが生まれる

中国といえば、ラーメンをイメージする人も多いだろう。中国でラーメンは「手で伸ばして細くした麺料理」のひとつ。出汁《だし》にこだわり主食にもなる日本風のラーメンは、「日式拉麺《にっしきらーめん》」と呼ばれている。

そんなラーメンの本場中国で人気の日式拉麺が、熊本とんこつ味の「味千《あじせん》ラーメン」だ。日系外食チェーンの最大手で、中国国内で500店舗以上を展開している。

いっぽう韓国ではインスタントが主流。もっとも売れている辛《しん》ラーメンが、インスタントラーメンの代名詞となっている。韓国は国民一人あたりの年間消費量は72食で、世界一のインスタントラーメン消費国なのだ。

覚えておこう! **伝統料理の3つのポイント**

① 食材にも料理法にも、陰陽五行思想。
② 中国原産の白菜は、日韓で食されている。
③ 韓国のラーメンといえば、インスタント。

食 生活に合わせた食事

共働き家庭が増え、中韓では出前と外食が普通に。

韓国ではおかず以外はスプーンを使う

中国も韓国も、日本と同じように米を主食とし、箸《はし》を使うところも似ている。しかし、ちょっとした部分に違いがある。

韓国ではステンレス製の箸（チョッカラ）とスプーン（スッカラ）がセットで付いてくる。おかずは箸で、ご飯やスープはスッカラで食べる。器は熱くて重いため、手に持たない。そして、ひとつのチゲ（鍋）を大勢で食べるときも、スッカラを直接鍋に入れてスープをすくい、そのまま口に入れる。取り皿などは使わない。

中国では日本の箸より長めの四角い箸を使い、料理を取り皿にとって食べる。ゲ

日中韓の食卓

日本と中国は箸を使い、韓国は箸とスプーンで食事をする。

ストを招いて食事する際は、円卓にのった大皿料理をホストである主人が自らの箸を使い取り分ける。この行為は、ゲストへのもてなしの心を表わしている。

もちろん日本でも大勢で鍋を囲むなどして親近感を深めることはあるが、中国と韓国のそれは日本以上なのだ。

朝食は家で食べない

共働き世帯の多い中国では朝食は外でとるという人が多い。朝から開いている料理店や屋台では、お粥《かゆ》や麺類、饅頭《マントウ》や油条《ユウティャオ》、豆乳などの朝食メニューが豊富にある。

韓国では、お粥のほか、スープにご飯とキムチが定番の朝食メニューだ。自宅でも外でも食べるが、最近は朝食をとらない人も増えているという。また、昼食というと日本では、男性も弁当持参という人や、コンビニのおにぎりやサンドイッチなどを一人で軽くすませる人が増えている。

いっぽう中国と韓国では、前菜と軽食以外は冷めた料理を食べないため、家から弁当を持参する人は少ない。それに企業には社員食堂が、学校には学食があることが多いので、わざわざ朝つくって持っていく必要がない。社員食堂などがない場合も外食が基本。ランチ代を負担してくれる会社も多い。一人でひっそりとランチをとるということはほとんどなく、同僚や取引相手らといっしょに昼を食べて親睦を深める。

中国の昼食は、白いプラスチックの容器に白米と自分の好きなおかずをもった

「盒飯《フゥファン》」という弁当を買って食べる。しかし最近では、日本の吉野家《よしのや》や、マクドナルドなどのファストフード店ですませる人も増えているという。

出前注文が多い韓国

中国と同様、共働き世帯が多い韓国ではよく出前をとる。中でも人気なのが、中華料理の炸醤麺《ジャージャーメン》や饅頭だ。ただ、中国の炸醤麺と違い、韓国の炸醤麺《チャンジャンミョン》は甘い味つけ。饅頭は大きめの餃子や焼売《シューマイ》に近く、スープが入っているなど、韓国風にアレンジされている。

さらに、韓国の炸醤麺には定番のキムチのほか、日本から伝わった、たくあんが添えられていることが多い。

覚えておこう! 食習慣の3つのポイント

①韓国では、取り皿などは使わない。

②中国では、一人で昼食をとらない。

③中国では、昼食に弁当を持参しない。

飲 親睦を深める飲酒文化

酒の席でのルールは日中韓で異なる。

韓国で行なわれる豪快な飲み会

韓国は、アルコール度数の高い蒸留酒の消費量が世界一。一人あたりの蒸留酒年間消費量は9・57リットルにもなる。これは、日本や中国の消費量のなんと倍以上だ。ハイト眞露《チルロ》の「チャミスル」や斗山《トゥサン》の「チョウムチョロム」などの焼酎《ソジュ》がストレートでよく飲まれている。

韓国のビールはアルコール度数が低めで薄味と感じる人が多いため、自分たちでお酒を混ぜて飲む習慣がある。ビールでいっぱいのグラスに、焼酎《ソジュ》などの蒸留酒をショットグラスごと落とし込んで、紙ナプキンですぐにふたをして、そのグラスを

中国と韓国の酒の飲み方

中国は両者が同時に飲み、韓国は目上の人に飲むところを見せない。

振った後に一気飲みをする。これが「爆弾酒」だ。

韓国では、酒の席でも罰ゲームでも、興が乗ってくると、だれともなく爆弾酒をつくり、飲みはじめる。これが韓国の飲み会の定番となっている。こうした無茶な飲み方が参加者の酔いをいっそう加速させるのだ。

爆弾酒のつくり方には、いくつものバリエーションがあり、数十種類もの飲み方があるという。焼酎の代わりに、ウイスキーやワインを使うこともある。

体にやさしい中国のお酒

韓国の焼酎《ソジュ》は、もとは中国の焼酎《シャオジウ》が語源だという。中国の焼酎は「白酒《パイチュウ》」と呼ばれており、韓国の焼酎よりもアルコール度数が高い。宴席などでは白酒で乾杯するのが定番。日本でも認知度の高い「紹興酒《シャオシンチュウ》」は、蒸留酒の白酒に対し、「黄酒《ホアンチュウ》」という醸造酒になる。老酒《ラオチュウ》なども黄酒を長期熟成させたものだ。

中国の酒の歴史は4000年ともいわれており、約1万種もの銘柄があるという。原料となる穀物の種類は多彩で、漢方薬に使われる薬草などを漬け込んだ「薬酒《ヤオチュウ》」、さらに強精効果を高めるべく、ヘビやすっぽんなどを漬け込んだ「強精補酒《チェンチンプーチュウ》」などがある。桂花酒《コイホァチュウ》にトカゲをまるまる1匹入れた「蛤蚧酒《ハージェチュウ》」は、女性の美容や滋養強壮、病後の体力低下を取り戻すのに効果があるという。ここまでくると、もはや薬だ。

ただ、中国でもっとも飲まれているのはビールやワインなど比較的軽いお酒。「青島《チンタオ》」に代表される中国ビールは、日本のように冷やさず常温で飲む。冷たい食事や酒は、健康に悪いという考えがあるからだ。

中国で泥酔して醜態をさらすのは、自己管理ができない不名誉とされており、酒の合間にお茶を飲むなど注意しているため、度を越えて酔っ払う人は少ない。

日本の街中で酔っ払いをよく見るのは、日本人がお酒に弱いか、無茶な飲み方をしているからなのだろう。

日本のビールが大人気

ちなみに、日本でいちばん飲まれているビールは、中国と韓国でも人気がある。中国、韓国で生産するビールは薄味だからだ。韓国では2012年に日本酒とビールの輸入量が前年比で70％も増加している。

覚えておこう!　飲酒の3つのポイント

① 韓国人は世界でいちばん蒸留酒が好き。

② 中国人は、過度な飲酒はしない。

③ 中韓では、日本のビールがよく飲まれる。

飲 身近になった喫茶文化

中国の茶芸が、日本の茶道として発達した。

中国のお茶の種類は数千種

お茶はもともと中国から世界に広まったものだ。同じお茶の木から摘んだ葉を、発酵させれば紅茶、半発酵させれば烏龍茶、発酵させずに蒸せば緑茶になる。ヨーロッパではインドを通じて紅茶が普及し、日本では緑茶が主流となった。

中国のお茶の種類は数千種類にものぼり、製法によって青茶（烏龍茶など）、黒茶、紅茶、緑茶、白茶、黄茶の6種類に大別される。

ところが、韓国では茶葉を使ったお茶は、緑茶以外ほとんど飲まれていない。日本や中国のように、茶の栽培に適さない気候だったこともあるが、高麗時代に仏教

日中韓で飲まれるお茶

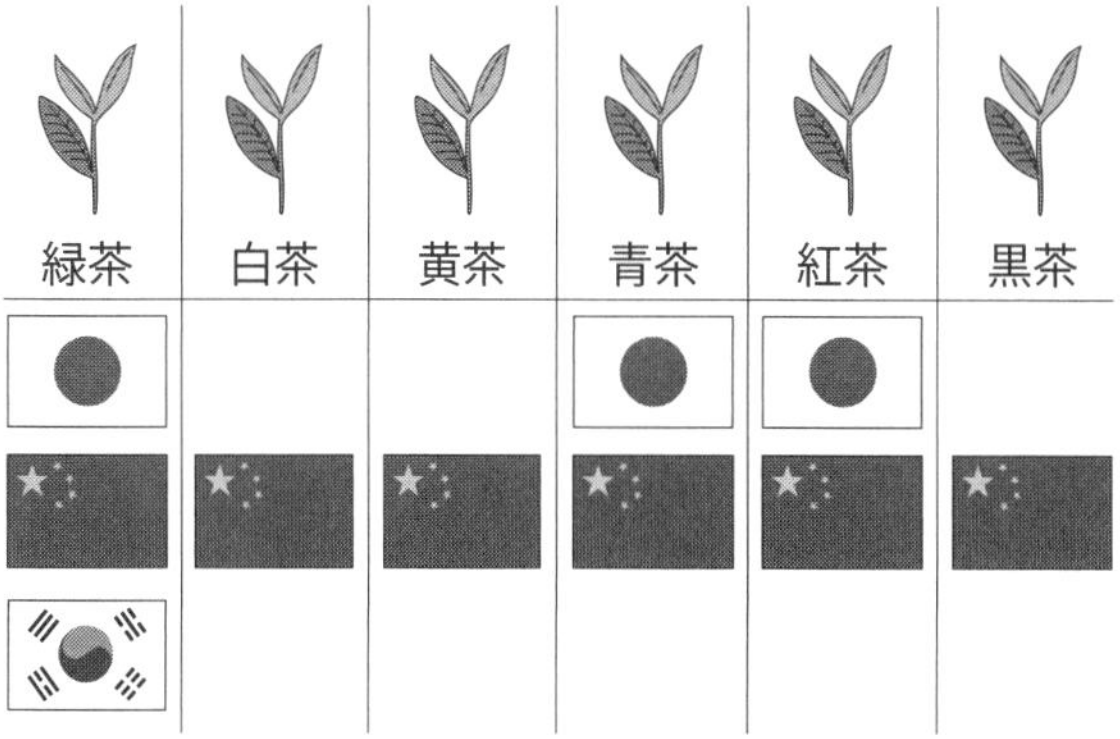

日本人は緑茶と青茶と紅茶、韓国人は緑茶しかあまり飲まない。

寺院がお茶の権利を独占していたこと、輸入した茶葉が高価で王族や貴族しか口にできなかったことで、民間に普及しなかったからだ。そのため韓国では、ご飯のおこげを沸かしたおこげ茶を飲んでいた。

　現在では、とうもろこしや麦を使った穀物茶、柚子《ゆず》などの果物を砂糖漬けにした果実茶などが飲まれている。

茶の教科書が茶道に

日本では鎌倉時代、僧侶の栄西《えいさい》が茶

の苗木を当時の中国から持ち帰り、その栽培に成功したことから爆発的に普及した。

室町時代になると、お茶の産地や種類などを当てる「闘茶」が行なわれていた。そして、安土桃山時代には、千利休《せんのりきゅう》が「侘《わ》び茶」を完成させる。この侘び茶がもととなり、その後、日本の精神を表わす「茶道」として、世界的に知られるまでに喫茶文化が発達していった。

茶道の原型は、中国の唐王朝末期に、僧侶の陸羽《りくう》が著わした『茶経《ちゃきょう》』にある。この書は、茶葉の栽培の仕方からお茶の入れ方までがくわしく書かれた茶の聖典とされている。そこから、お茶を精神修養や対人関係の心延《ば》えにまで反映させたのが日本の茶道だ。

中国でも、急須に茶葉、お湯を入れたあと1杯目は捨てるなど、中国版の茶道ともいえる「茶芸」にもとづく飲み方がある。ただし、茶芸は烏龍茶がよく飲まれる広東省や福建省など地域限定の飲み方。茶葉の入ったコップに湯をそそぎ、しばらく待って飲むのが、中国の一般的なお茶の飲み方だ。

西洋のカフェがブーム

　そんなお茶も、近年はコーヒーの人気に押され気味だ。現在日本は、年間800万トンを輸入する世界第4位のコーヒー消費国となっている。

　以前の中国と韓国では、砂糖とミルクがたっぷり入った甘いコーヒーが主流だったが、最近はスターバックスなどのコーヒーチェーンが進出している。

　韓国では近年、『コーヒープリンス1号店』や『コーヒーハウス』といったドラマが大ヒットした影響で、空前のカフェブームが起きた。中国にも都市部を中心にカフェが増えており、若者やビジネスパーソンを中心に、コーヒー文化が広がりつつある。

覚えておこう!

喫茶の3つのポイント

①お茶の起源は、中国にある。

②韓国では穀物茶や果実茶が飲まれている。

③コーヒーを飲む習慣が、中韓で広まっている。

住 伝統的な家屋

都市住宅は、マンションやアパートになっている。

風水にもとづいて建てられた四合院

広大で多様な民族が暮らす中国では、福建省のドーム型の土楼《どろう》や、苗《ミャオ》族の石の家など、地域・民族ごとに特徴のある伝統家屋がある。

中国人の大半を占める漢民族の伝統家屋といえば、「四合院《しごういん》」が代表的だ。四合院は風水の考え方にもとづいて建てられており、南東には門（入り口）があり、個々の建物の入り口はすべて中央の庭に面し、中央の庭はさまざまな式典や接待における重要な場となる。

家主の経済力によって庭や建物の大きさこそ違いはあるが、北京の紫禁城《しきんじょう》一帯の

中国と韓国の伝統家屋

●中国の四合院《しごういん》

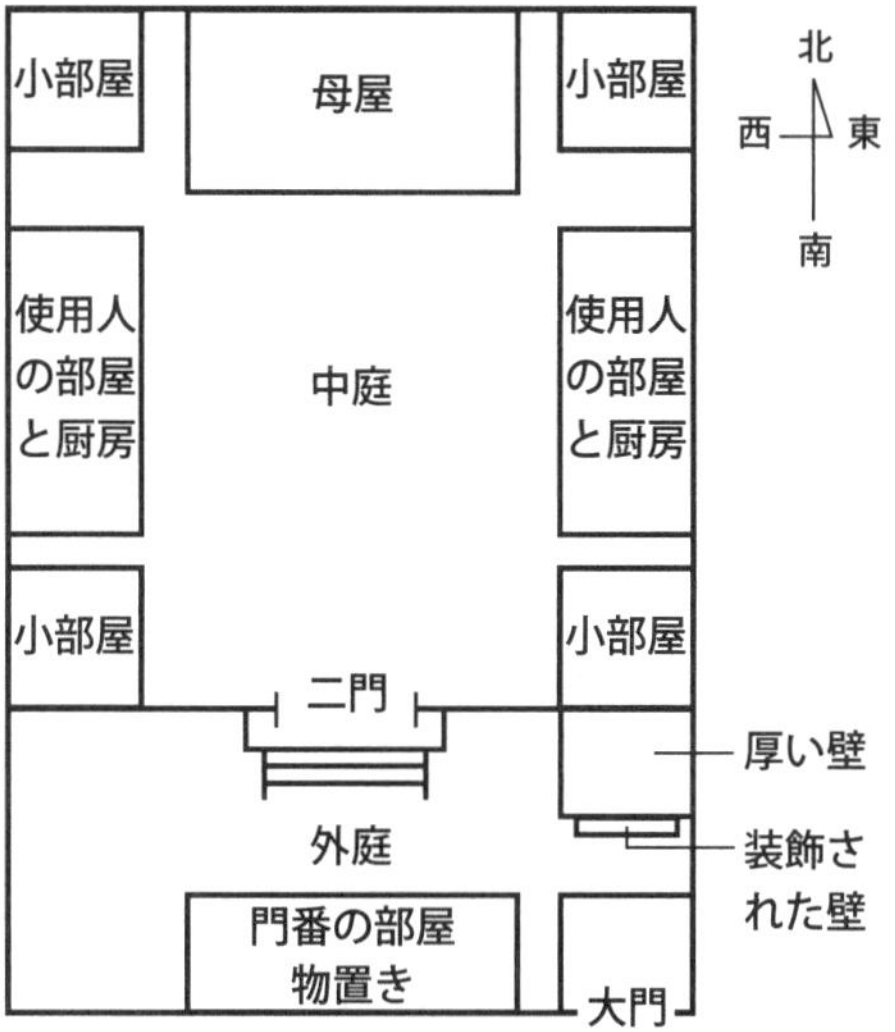

●韓国の韓屋《ハノク》(中部)

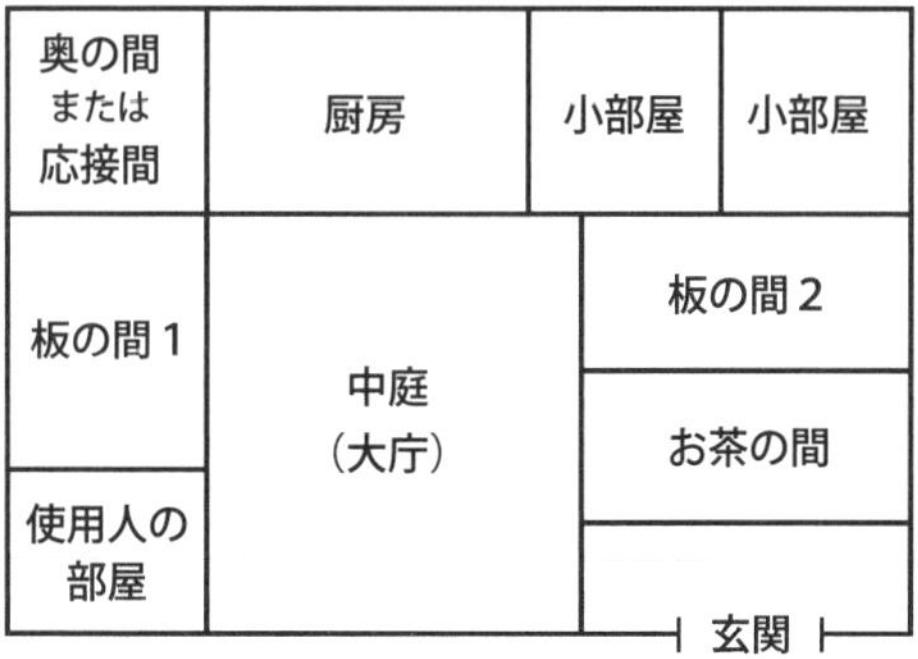

両方とも中庭を中心として、各部屋が配置されている。

胡同《フートン》（中国の明王朝時代からある住宅街）などには、数多くの四合院が残っており、現在では高級住宅街となっている。

しかし、庶民の半分以上は、4～6階層のアパートに住んでいる。住宅の床面積は50～99㎡がもっとも多く、日本の標準的一戸建ての敷地面積よりも狭い。

後ろには山、前には水

韓国の伝統家屋「韓屋《ハノク》」も四合院と同じく風水を取り入れている。とくに重要視しているのが、「背山臨水《ペサンイムス》」だ。建物の背後に山、前に川や湖など水が流れる配置が良いとする考えだ。家を囲む塀は日本・中国より低く、屋内には「大庁《デチョン》」という中庭のようなスペースを設けている。地方によって「ロ」型だったり「コ」型だったりするが、いずれも通気と男女の住み分けを目的としている。

この韓屋はソウルなどの都市部では失われ、地方に残っている。

手狭な都会のマンション

伝統家屋のような一戸建ては中韓の都市部とも減少しており、高層マンション住まいが主流になっている。では、多くの住民がマンションに住めるかというと、そうではない。アパートなどの賃貸物件が多い。

中国の都市部には、地方から出稼ぎにきた人々が多く、1部屋わずか2㎡というアパートに住む人もいる。

韓国では伝貰《チョンセ》という家賃の支払いシステムがある。入居者は先に2年分の保証金を支払い、出ていくときに全額返還される。マンションの屋上や地下を利用した「屋根部屋」や「半地下」の物件に住む人もいる。こうした部屋は居住性が悪いため家賃が安いためだ。

覚えておこう! 伝統家屋の3つのポイント

①北京の古い住宅街には、四合院が建つ。

②韓屋は都市部ではなく、地方でみられる。

③中韓には手狭で安いアパートが多い。

住

室内での過ごし方

日韓は靴を脱ぐが、中国では靴を脱がない。

オンドルで冬でもポカポカ

前項で述べたような建築様式の違いは、生活習慣の違いとなって現われる。その大きな違いのひとつは、家の中で靴を脱ぐか脱がないかという点だろう。

日本で靴を脱ぐのは、高温多湿のために土足では泥が入りやすいこと、風の通りを良くするために床を高くしたことに由来する。

日本より空気が乾燥している韓国では、床を高くする必要はなく、寒さ対策として、かまどから出た熱を床に流して温める「オンドル」が4～5世紀ごろに普及。足元を温めるため、靴を脱いで床に座るようになった。現在は、温水を流している。

中国と韓国の居間

中国は椅子に腰かけるが、韓国は床に座布団をしいて座る。

ちなみに、靴を脱ぐときは日本人なら外側に靴先を向けるが、韓国では部屋側に向ける。外側に向けると早く帰りたいのかと思われてしまうためだ。

日本と韓国が靴を脱ぐなら当然中国も、と思われるだろうが、じつはそうではない。中国では欧米の国々と同じく靴を脱がずに家に入り、椅子に腰かける。もともと西方から伝わった椅子は、中国の隋《ずい》王朝時代から一般家庭に広まり、その後、定着したという。

最近は、日韓とも欧米文化の影響で椅子やソファーが多くなっている。

着る物で決まっていた座り方

日本では、家の中は畳なので座り方はあぐらや正座だ。着物が普及した江戸時代から、それまであぐらだったのが正座になったという。韓国も男性はあぐらだが、女性の場合は片膝《かたひざ》を立てて座るのが正式な座り方だ。チマ・チョゴリがきれいに見えるためとも、固い床に座るのに適しており、オンドルから立ち上る暖気をチマ・チョゴリが逃しにくいためともいわれる。

もうひとつ特徴的なのが、部屋割りだ。韓国では夫婦別々の部屋がめずらしくなかった。貴族をはじめ富裕層の男性はサランチェ、女性と子どもはアンチェという部屋を持ち、寝食も別だった。男の子は7歳になるとサランチェで生活していた。これは、儒教の「男女七歳にして席を同じくせず」という教えにもとづく。また韓国は各部屋が中庭に面していたため、移動するたびに靴をはいていた。

いっぽう中国では、家長の部屋は別にあったが、各部屋は回廊で結ばれていた。

火力にこだわる中国の家庭

家で重視する設備にも、お国柄が見える。

「中華料理は火力が命」といわれるように、中国では家庭のコンロの火力が強い。韓国と同じ220Vの電圧を使用しているため、電気コンロでもお湯が早くわくという。マンション住まいでキッチンが狭いと、ベランダや庭にキッチンを増設することもあるとか。

ところが食材の保存には、それほど気を配らないようだ。中国の地方の家庭では、冷蔵庫のないことが多い。反対に韓国では、通常の食材を入れる冷蔵庫とは別に、キムチ専用の冷蔵庫を置くほど、冷蔵庫は生活に欠かせない必需品となっている。

覚えておこう! 住宅の3つのポイント

① 4～5世紀からある韓国のオンドル。

② 片膝を立てるのが韓国女性の正しい座り方。

③ 中韓の電圧は220V(日本製の使用には要変圧器)。

運 発達する交通機関

車が増えて、中韓の交通事故も増加している。

世界一の自動車大国のマナー

日本の道路では、車は左側通行だが、中国と韓国はアメリカなどと同じ右側通行となっている。そのため、中国と韓国の車は左ハンドルだ。そして、おどろくことに中国では、信号が赤でも車は右折可能。中国に旅行して横断歩道を渡るときは、注意したほうがいいだろう。

日本では若者の自動車離れが進んでいるのに対し、中韓では車の販売台数が伸びている。とくに中国は、北京オリンピックと上海万博開催のために道路を整備し、さらに好景気も手伝って都市部で車が急増。２００９年には日本の自動車生産台数

自動車が左側通行と右側通行の国

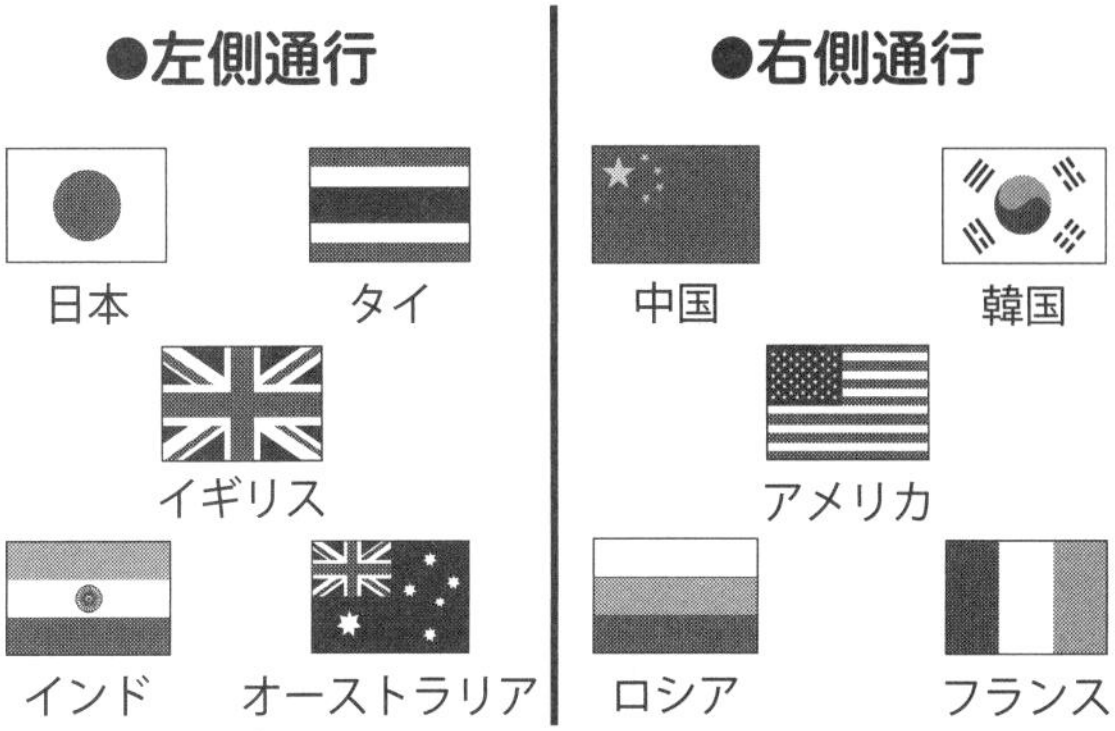

日本と、インドなどの英連邦加盟国以外の多くの国は、右側通行だ。

を抜き、世界一の自動車大国となった。

中国も韓国も、人気車種はセダン型の乗用車。大型車を持つのがステイタスとされているため、軽自動車は軽視される傾向にある。

中国、韓国ともに問題となっているのが、その運転マナーの悪さだ。

韓国では街中を猛スピードで駆け抜けたり、片手運転したりする車がよく見られる。交通事故も多く、韓国は10万人あたりの交通事故死亡率で世界5位。中国は交通事故死亡者数が6万人を超え、10年連続で世界一だ。

定刻どおりバスなどが来なかった

エコ意識の高まりから韓国では、Ｂ（バス）Ｍ（メトロ）Ｗ（ウォーク）が推奨されている。ソウルではバスと地下鉄が発達しており、「Ｔ－ｍｏｎｅｙ」カードというチャージ式の交通カードを使うと、バスも地下鉄もワンタッチで乗り降りできる。ただ、韓国のバスの運転の荒さはかなりのもの。韓国人なら慣れたものだが、慣れていない人は、急停車などに気をつけたほうがいいだろう。

中国の北京や上海などの公共交通機関では、利用者が整列する習慣がないため、我先に乗りこもうとして、混乱するという光景が見られる。以前は、時刻表もなく時間どおりに運行していることも少なかったが、最近は改善されてきたようだ。

ちなみに、中韓のタクシーは日本より料金が安い。韓国では一般のタクシーと安全性の高い模範タクシーとがあり、料金が違う。中国では外国人観光客に高額料金を請求する違法タクシーがたまにいるため、旅行の際は注意が必要だ。

主要都市を結ぶ韓国の高速鉄道

中国と韓国を旅行すると、都市部の移動で困ることはないが、地方の移動はたいへんだ。

韓国では、２０１０年にソウルと釜山《プサン》を結ぶＫＴＸという高速鉄道（時速２００キロメートル以上での走行が可能な幹線鉄道）が開通。中国でも２０１１年に北京と上海を結ぶ京《けい》滬《こ》高速鉄道が開通し、主要都市を結ぶ線が整備されている。

その反面、ローカル線は廃止される傾向にあり、地方と都市部との格差の増大に拍車をかけている。

もともと中国の鉄道は料金が高く利用者が少ない。地方間の移動でも、長距離バスを利用する人のほうが多いのがローカル線減少の最大の理由といえる。

覚えておこう! **交通機関の３つのポイント**

①中国と韓国では、軽自動車が不人気。

②中韓とも交通事故の多発が問題になっている。

③韓国の都市の移動は、バス・地下鉄・タクシー。

電 便利になった通信事情

携帯電話の普及で、新たなマナーができている。

車内通話が普通の韓国

日本では、電車の中など公共の場で携帯電話がかかってきても出ないのがマナーとされる。しかし、携帯電話の先進国ともいえる韓国では、電話に出ないと、かけてきた相手に失礼にあたる。

韓国では地下でも電波が入るため、走行中の地下鉄の中でも平気で電話をしている。それも周囲に気を使ってしゃべるようなことはせず、相手がその場にいるかのようにしゃべるのだ。反対に、公共の場で話さないのは、プライベートな内容で周囲に聞かれたくなかったり、映画館内にいるときなどだ。

日本と韓国の電車内で対応

日本では車内通話はマナー違反だが、韓国は違反ではない。

中国の香港では、小さなヘッドホンとマイクの付きのヘッドセットを付けて携帯電話を首からぶら下げ、話しながら歩く人を見かける。

世界的に見れば、日本の携帯電話のマナーがきびしいのかもしれない。

携帯電話の用途の違い

日本の携帯電話は、おサイフケータイやQRコードの読み取りといった機能が充実し、「ガラパゴスケータイ」と呼ばれる独自の進化を遂げた。

この日本の状況とは反対に、韓国産の携帯電話は世界の市場に受け入れられている。携帯電話の世界シェアは、1位こそフィンランドのノキアだが、韓国のサムスン電子とLG電子が2位と3位だ。

韓国ではスマートフォンが人気で、2012年には国内普及率50％に達し、LTE対応端末でも韓国企業が世界シェアの70％を締めている。日本の携帯電話も急成長しているとはいえガラパゴス化しており、世界での競争力はまだまだ低い。

中国でのスマートフォンの普及率はまだ13％だが、主要都市に限れば35％に達し、都市部での普及率は日本以上ともいえる。ただし、正規品とほぼ同等の機能を備えた模造ケータイの「山寨手機《シャンジャイショウジ》」が大量に出回っている。

中韓ではネットがガラパゴス化

インターネットでも韓国が強い。韓国では1990年代からネットインフラの整備に力を入れており、日本よりも早くインターネットが普及した。自分の写真をブログにアップしたり、撮影した動画をサイトに投稿したりすることにもほとんど抵抗がない。そのためか、「ネチズン」というネット上のコミュニティーに属する意識の強い人々の中から、「廃人」と呼ばれるネット中毒者が出ることが社会問題にもなっている。ただし、国産ポータルサイトの「ＮＡＶＥＲ」がシェア70%以上を占めるいっぽうで、２０１２年末にはＹａｈｏｏコリアが撤退した。

　中国ではネット検閲が行なわれており、Ｇｏｏｇｌｅなどの大手企業が撤退。代わりに、Ｆａｃｅｂｏｏｋに相当する「人人網《レンレンワン》」や、Ｔｗｉｔｔｅｒにあたる「微博《ウェイボー》」が利用されており、ネット社会がガラパゴス化している。

覚えておこう!

通信の3つのポイント

① 中韓は公共の場でも通話ＯＫ。

② 世界のLTE対応端末の70%が韓国製。

③ 高性能すぎる中国の模造携帯電話。

遊 伝統の娯楽と現代の娯楽

ゲーム好きの子も、新年には伝統的な遊びをする。

正月になると屋外で見られる風物詩

凧《たこ》あげで遊ぶ親子の姿は、日本では正月、中国と韓国では旧正月に見られる。もともと凧は中国の春秋戦国時代に初めてつくられ、軍事目的で使用された後、明、清王朝時代にかけて民間に遊びとして普及した。日本にも凧あげは伝わり、はじめは貴族や武士の娯楽だったが、江戸時代の後期になって全国に広まった。

韓国では「送厄迎福」などの文字を書いた凧をあげる。いちばん高くあがったところで糸を切って凧を空に飛ばし、無病息災を願う。それ以外にも、日本のように凧同士をぶつけるという遊び方もある。

日中韓の家族の呼称

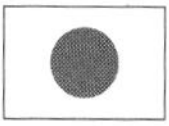		
祖父／祖母	爺爺《イエイエ》／老爺《ラオイエ》	ハラボジ／ハルモニ
父／母	爸爸《バーバ》／媽媽《マーマ》	アッパ か アボジ／オンマ か オモニ
兄／姉	哥哥《コーコー》／姐姐《ジエジエ》	ヒョン（弟が兄に対し）／オッパ（妹が兄に対し） ヌナ（弟が姉に対し）／オンニ（妹が姉に対し）
弟／妹	弟弟《ディーディー》／妹妹《メイメイ》	トンセン（弟妹）

日本にくらべて、韓国の家族の呼称は細かく決まっている。

中国も夫婦別姓が一般的だ。法律上、子どもは父と母、どちらの姓でも名乗れるが、儒教の影響から、父方の姓を名乗る子どもがほとんどだ。また、一人っ子政策で子どもの数が減少しており、一人っ子同士の結婚で片方の家が断絶するのではと危ぶまれている。

そのいっぽうで、高齢者の数は2億人近くにものぼっている。定年後は公園で太極拳や卓球に興じたいところだが、最近は共働きの両親に代わり、孫の面倒をみたり、再就職を希望している高齢者も増えているという。

恋人も「お兄ちゃん」と呼ぶ

中国語には敬語がなく、家族間はたがいに名前で呼び合う。韓国では相手との関係で細かい呼び方が決まっている。祖父母でも父方と母方とでは呼び方が違うのだ。

とくに兄弟の呼び方は複雑。弟が兄を呼ぶ場合は「ヒョン」で、姉を呼ぶときは「ヌナ」。妹が兄を呼ぶときは「オッパ」で、姉を呼ぶときは「オンニ」。目上の者を敬うため違うのだ。

ただし、この呼び方は家族以外でも使う。男性なら親しい年上男性を「兄貴」という意味で「ヒョン」と呼び、「オッパ」は、恋人や仲の良い年上男性にも使われる。

日本より強固な中韓の家族の絆

日中韓のいずれも核家族化からか最近は父親の権威も薄れ、社会進出するようになった母親の力が強くなってきている。

それでは、父親と母親の家庭内のパワーバランスがくずれ、家族の結束力が落ちているかというと、そうではない。中国と韓国の家族の結束力は日本以上に強い。

たとえば中国では、結婚前の女性が彼氏の家を訪れると、客としてもてなされる。ところが結婚が決まったとたん、家族同然の扱いを受ける。それまで出ていた豪勢な食事が、汁のないラーメンなど簡単な食事になるという具合だ。ただ、こうして扱いがガラリと変わるのは、身内には見栄を張ったりしないからこそ。家族として認められた証でもある。

クリスチャンの多い韓国では、クリスマスは恋人と過ごすのではなく、家族といっしょに過ごす。総出で教会に行き、食事をするなど、家族を大切にする。

覚えておこう! 家族関係の3つのポイント

① 中韓でも母親の立場が強くなっている。
② 日本は夫婦同姓、中韓は夫婦別姓。
③ 韓国の家族の呼び方は細かく決まっている。

交 気を配る人づき合い

他人との接し方には、国ごとに温度差がある。

お年寄りをとても大切にする韓国

儒教の教えが根強く残る韓国では、相手が年上か年下かで話し方がガラリと変わる。年上に対してタメ口でもきこうものなら、たちまちケンカになる。女性アイドルがその場にいない先輩の名前に敬称を付けなかったため、「失礼だ！」と騒動になり、女性アイドルが謝罪するハメになったこともある。

とくにお年寄りとの接し方は厳格だ。どんなにチャラチャラしているように見える若者でもお年寄りを前にすると、手を前で重ねる「ジョル」という拝礼を行なう。

現在は、お年寄りを敬う気持ちを持つ若者が減っているというものの、電車やバス

中国と韓国の他人の呼称

●自分より年上の男女

 (男) 大哥《ダーコー》 (女) 大姐《ダージエ》

 (男→男) ヒョン
(男→女) ヌナ
(女→男) オッパ
(女→女) オンニ

●自分より年下の男女

 (男) 小弟《シャオディー》 (女) 小妹《シャオメイ》

 (男) ～グン〈君〉
(女) ～ヤン〈嬢〉
(両方) トンセン
(弟) ナドンセン (妹) ヨドンセン

●自分の両親くらいの男女

 (男) 伯父《ボウフウ》 (女) 伯母《ボウムー》

 (男) アジョシ
(女) アジュンマ

●自分の祖父母くらいの男女

 (男) 爺爺《イエイエ》 (女) 奶奶《ナイナイ》

 (男) ハラボジ〈おじいさん〉
(女) ハルモニ〈おばあさん〉

韓国では、自分と相手の立場によって呼称を変える。

で席を譲るのはもちろん、お年寄りより楽な姿勢をとらない、お年寄りに背を向けない、お年寄りの言葉に逆らわないなどの決まりがある。

定年が55歳と早いのも、老人をいたわってのことかもしれない。

年上と思われたい中国

日本では女性が30歳を過ぎると、実年齢よりも若い呼び方のほうが喜ばれる風潮にある。女性に声をかけるとき、「お姉さん」と呼ぶか「おばさん」と

呼ぶかは気を使う。基本的に、いつまでも「お姉さん」がエチケットだ。

韓国でも同様で、年上の女性に対しては「ヌナ（お姉さん）」や、名前の後ろに「ヨサ（女史）」や「ヤン（嬢）」を付けて呼ぶと無難だろう。

ところが中国では、年上に見られるほうが喜ばれる。なぜなら、自分が年上に見られるのは、頼りにされているからだと感じるためだ。

男性の場合は「先生《シェンション》」、女性なら「女士《ニュシー》（女史の意）」というのが一般的。そして相手の年齢に合わせて呼び方を変える。同年齢の相手でも「兄《シオン》」や「姐《ジエ》（お姉さんの意）」を付けて名前を呼ぶ。

韓国の男性は仲が良すぎる？

親しい友人の名前を呼ぶ際、中国では、名前の前に「阿」を付ける。韓国では名前の後に「〜ヤ」「〜ア」を付ける。これらを名前に付けることで、日本の「〜ちゃん」と似たニュアンスになる。

また、中国も韓国も、親しくなれば日常会話も酒の席も無礼講となる。とくに韓国人は友情に篤く、時には恋人以上に深い絆《きずな》で結ばれるという。

韓国では、男同士、女同士が街中で手をつないで歩く姿が見られる。とくに男性は軍隊生活を経験するためか、同性とのスキンシップに違和感がないそうだ。ルームシェアの相手となら、下着の貸し借りも平気らしい……。

男同士で盛り上がる話題といえば、もっぱら「軍隊」と「サッカー」だ。これは女性に嫌われる話題の1位と2位で、3位が「軍隊でサッカーをした話」というジョークまである。彼女に聞いてもらえないから、男同士で盛り上がるのかもしれない。

覚えておこう! 人づき合いの3つのポイント

①韓国では、高齢者に敬意を持って接する。
②中国の人は、年上に見られたほうがうれしい。
③男性同士が手をつないで歩く韓国。

ココにも注目❶

グルメの中心は北!?

日本の郷土料理の中でも独特な沖縄料理は、古くから交流のあった中国やアジアの国々の影響を受けている。本土で獣肉を敬遠していた時代から豚肉などを食していたことも中国の影響といえる。

台湾料理も中華料理がベースになっているが、中華料理より油や塩分を控えめにしているため、日本人にも食べやすい。もともと中国以外にオランダや日本の統治下にあったこともあり、おでんや天ぷらなどのメニューも残されている。

北朝鮮は韓国とは地続きなので料理もほとんど同じだ。ただ、韓国のキムチは赤いが、北朝鮮のキムチはほとんど白い。朝鮮王朝時代には「平壌冷麺」「開城《ケソン》湯飯《クッパ》」「全州《チョンジュ》ビビンバ」が朝鮮3大料理といわれていた。現在でも人気の韓国定番料理のうち、ふたつは北朝鮮が本場なのだ。

また、韓国では旧正月にトックという、うるち米でできた餅を入れたスープを飲む。北朝鮮ではチョレンイトックという、丸い餅がふたつつながった雪だるまのような形をしており、見た目がかわいらしい。

パート2

冠婚葬祭

知っておこう
2

冠婚葬祭と宗教の深い関係

婚礼や葬儀は、仏教や儒教、道教、土着の信仰に由来する。

◉じつはそんなに古くない日本の冠婚葬祭の伝統

日本古来の宗教――といえば神道なのだが、近代まで神社や神主が庶民の結婚式や葬儀にかかわることはほとんどなかった。

神道では、死は災いをもたらす「穢《けが》れ」だと考える。これは、神話でイザナギが死後の世界である黄泉《よみ》の国を訪れ、死んだ妻のイザナミに会いに行ったものの、逃げ帰り、穢れを落としたエピソードがもとになっている。

このため中世以降は、葬儀は神社の神主ではなく僧侶が行なうようになる。逆にいえば、上流階級が広めた外来宗教の仏教は、庶民の葬送にかかわることで日本人になじんだともいえる。また、現代でこそ、日本では神道式や仏教式の結婚式も行なわれるが、これはキリスト教の結婚式をモデルに、あとからつくられたものだ。

◉東アジア古来の婚礼や葬儀は「祖先崇拝」

意外に思われるかもしれないが、中国と朝鮮半島の冠婚葬祭も、仏教や道教の習慣と直接関係はない。儒教をベースとしながらも、家ごとに祖先の霊を祀《まつ》る祖先崇拝にしたがい、一家の主が祭祀の主宰者となり、結婚式や葬儀を取りしきっていた。

キリスト教のような一神教の文化圏では、神の前で結婚を誓ったりするが、東アジアでは冠婚葬祭が血統の存続と強く結びついていたからだ。日本の神道も、仏教や儒教、道教といった東アジアに普及する宗教も、もともとは、土着の各氏族が祖先崇拝を取り込みながら浸透していったものなのだ。

現代の日本、中国、韓国の冠婚葬祭は、そうした古来の宗教的要素は弱まりつつあるが、ところどころには昔の面影を残している。

礼 移り変わる成人式

成人の年齢になれば大人というワケではない。

見た目を変えて大人の仲間入り

大人（成人）となったことを祝う成人式は日中韓のいずれでも開かれるが、古来の伝統的な成人を祝う儀式とは性格が異なっている。

中国の王朝では古代から「冠礼」という儀式が行なわれた。男子が15～20歳になると冠をかぶせ、以降は大人とみなしたのだ。女子の場合は髪に笄《こうがい》をさす。この儀式は7世紀ごろ日本に伝わり、朝鮮半島では10世紀ごろの高麗の時代に定着した。

日本では武家社会の時代、11～17歳ぐらいで「元服」の儀式を行なった。男子は服装を大人と同じものに変えて髷《まげ》を結い、烏帽子《えぼし》という黒い帽子を頭にのせる。そ

日中韓の成人の儀式

服装やかぶり物の違いはあるが、儀式の意味あいは同じ。

して名前を幼名から大人の名に変更した。女子は元服とはいわない。「裳着《もぎ》」といって、12〜14歳に初めて裳という大人の女性が着る服を身に付け、髪を結い上げるなどした。

これとは別に、日本各地には伝統的な通過儀礼がある。ふんどし一枚の姿で神輿《みこし》を担ぎ、水をかぶる「裸祭り」や東京の神田明神《かんだみょうじん》では、1月に新成人を中心とした寒中禊《かんちゅうみそぎ》が行なわれる。

服装を変えるだけでなく、大人になった証《あかし》として試練に挑み、立派な肉体と強い意志を示す成人式もあるのだ。

日本と韓国20歳、中国18歳で成人

日本では、選挙権の得られる20歳が成人年齢となっている。韓国でも民法上の成人年齢は20歳（2013年に19歳に引き下げられる見通し）だが、身分証明に使う住民登録証は17歳から発行される。なお、韓国で婚姻できる年齢は、男性も女性も18歳だ。

中国では選挙権は18歳で得られる。ところが、結婚できるのは男性は22歳、女性は20歳から。これは人口抑制政策の一環だ。

日本では戦後、1月15日が成人の日と定められ、後に1月の第2月曜日となった。この日は各地で成人式が行なわれるが、遊園地やリゾート施設が会場に使われるなど、イベント的行事になっている。

韓国では、軍事政権時代の1973年に5月18日が成人の日となり、現在は5月の第3月曜日となっている。ただし、日本のように祝日ではない。新成人の多くは、友人同士で集まって成人祝いの会をする程度のようだ。

衣装だけは伝統を維持

じつは、中国には公式な成人の日がなく、地方自治体や学校ごとに成人式を行なう。成人年齢が18歳なので、学校主催の成人式は高校の卒業前に開催され、制服姿の新成人が立派な大人になることを宣言する真面目なイベントだ。

上海市では1月に市が主催する成人式が大々的に行なわれ、参加者の新成人は最後に大学の卒業式のようにかぶっていた帽子を投げるという。

晴れ着で成人式に参加する日本人がいるように、中国では漢服、韓国ではチョゴリを着て、昔ながらの成人式に参加をする新成人も少数ながらいるという。伝統にあこがれる人は少なくないようだ。

覚えておこう! 成人式の3つのポイント

① 近代以前の成人年齢は15歳くらいだった。

② 韓国の成人の日は5月の平日。

③ 中国の成人式の日は学校や自治体ごとに違う。

寿 結婚までの段取り

現代の結婚相手選びと名残がある婚前手続き。

結婚難は日中韓とも同じ

「個人より一族の存続が大事」――東アジアでは古来、こういう考え方があった。おかげで、日本、中国、韓国では「結婚は個人と個人で行なうのではなく、家と家で行なう」という考えが今でもある。日中韓とも、親族が結婚相手を探してきたり、媒酌人に相手を決めてもらったりするのが伝統だった。

日本では戦後の1960年代まで、親族や仲人（媒酌人）を通じてのお見合いが結婚の約半数を占めていた。だが、現代では、じつに約90％が恋愛結婚だ。

中国と韓国でも、現在は結婚する当事者が相手を決めるのが主流になっている。

日中韓の結納品

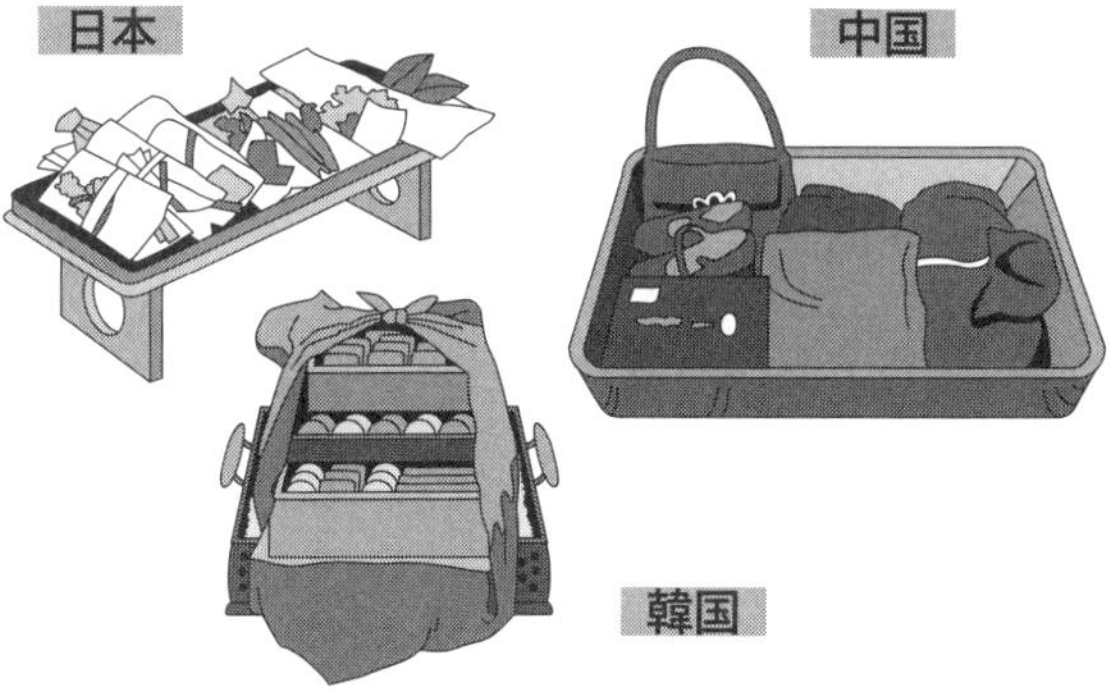

中韓とも、結納金のほかに、洋服をはじめ生活用品を贈る。

また、結婚相手に求める条件といえば財力や学歴。相手探しに苦労する人が多いのも、日本とまったく同じだ。

今も残る結納の習慣

日本の昔ながらの結婚までの流れは、次のとおりだ。

新郎新婦となる双方の家で話がまとまると、仲人を立てて挙式までの段取りを仲介してもらう。仲人は、新郎または新婦の親類などの年長の既婚者が務めるのが基本だ。

そして、仲人を通じて新郎と新婦となる双方の家で結納品を交換。結納品は地域ごとに異なり、熨斗《のし》、昆布、かつおぶしなどの縁起物に目録をつけて渡すのが通例だ。

相性占いが左右した古来の結婚

中国と朝鮮半島では、20世紀の中ごろまで、結婚は「六礼」という古来の形式を経ていた。

①納采《のうさい》：新郎側の親から依頼を受けた媒酌人が、家の格に合った新婦を探す。
②問名《もんめい》：新婦の候補が決まると、その名前と生年月日を提出してもらう。
③納吉《のうきち》：新郎と新婦の名と生年月日をもとに、占い師に吉凶を判断してもらう。
④納徴《のうちょう》：新郎と新婦の家が、双方の家の格に合った贈り物を交換する。
⑤請期《せいぎ》：式にふさわしい日を占い、嫁入り道具を準備する。
⑥親迎《しんげい》：新郎が正装して新婦を迎えに行き、結婚の宣言と祝宴を大々的に行

なう。

新郎の家と新婦の家が贈り物を交換するのは日本と共通だ。ただし、朝鮮半島では伝統的に、新郎に養ってもらう新婦の家のほうが家財道具の一式を負担する。そのため「娘を3人嫁に出すと家は財産がなくなる」とまでいわれた。

現代では、納采から納吉までを省略して、代わりに新郎新婦とその親の合意を「議婚」とし、六礼を四礼とする。

韓国では、風水や四柱推命を好きな人が多く、相性占いがさかんだ。若い男女が「ほら、この人は占いの結果がいいよ」と親を説得することもあるとか。

なお中国は、かつて政権を握っていた毛沢東《もうたくとう》の主導のもと、伝統的な行事が廃止されたため、現在では、六礼はほとんど行なわれていない。


覚えておこう!
結婚までの3つのポイント

①日中韓とも、お見合いより恋愛結婚が主流。
②かつては、媒酌人が結婚相手を選んでいた。
③新郎新婦の家の間で、贈り物を交換する。

寿 伝統的な婚礼

形式は現代風になっても伝統が残っている。

神道式の婚礼は100年ほどの歴史

日本の伝統的な結婚式といえば、神社で行なう神前式……。と思っている人は少なくないだろう。だが、じつは神前式は明治期以降に生まれた慣習なのだ。

もともと昔ながらの日本の婚礼は各家庭で行なわれていた。新郎の家に新婦の家族が向かい、媒酌人と両家の家族がその場で三三九度の盃《さかずき》をあげる形だ。

明治期以降に西洋文化が広まると、教会で結婚式を行なうキリスト教の形式にならい、日本でも神の前で結婚を誓う神道の儀式がつくられた。神前式では、まず斎主である神主が清めのお祓《はら》いをして祝詞《のりと》を読みあげる。次に、新郎新婦がお神酒《みき》で

日中韓の婚礼での祝杯

日本では夫、妻の順に酒を飲み、中韓は夫婦同時に飲む。

盃をあげる。さらに、新郎新婦が神の前で誓いの言葉を交わしたあと、玉串《たまぐし》奉奠《ほうてん》と指輪の交換を行なうといった流れになる。この神前式を初めて行なったのは皇太子時代の大正天皇で、1900年のことだ。

日本ではさらに仏教式の仏前結婚式もあるが、これも明治時代にできた。

盃に込められた意味

中国や韓国でも、かつては伝統的な結婚式が、各家庭で行なわれていた。

日本の家庭に仏壇や神棚があるように、中国や韓国には、各家に代々の先祖を祀る祠堂《しどう》がある。この祠堂などを前に、媒酌人や列席者のもとで新郎と新婦が結婚を宣言し、盃を交わしたわけだ。

現代の中国でも結婚式や披露宴では、日本の三三九度のように新郎新婦が腕を組んで「交杯酒《ジャオペイジウ》」を飲むことがよくある。これは韓国でも同様だ。

夫婦が盃を交わす慣習の由来は非常に古く、なんと3000年近く前の、中国の周《しゅう》王朝時代にまでさかのぼる。もともとは、苦い瓜《うり》をまっぷたつに割って酒を注いだ。これには文字どおりに「甘いも苦いもともにする」という意味が込められていたのだ……。なかなか奥が深い。

ちなみに、中国と日本の婚礼では新郎の家に新婦が来るが、朝鮮半島では新婦の家に新郎が出向いて式を挙げた。かつては、新婚ホヤホヤの期間は夫がお嫁さんの家で過ごし、新婦は子どもを産んでから新郎の家の人間になる、という慣習もあったという。

死後の結婚式がある韓国

昔ながらの結婚式の名残は、現代にもある。

韓国の結婚式では、よくナツメの実を縁起物として並べて新郎新婦で口にするが、これには子宝にめぐまれるという意味がある。中国でも、結婚式ではナツメや蓮《はす》の実が入った甘いスープを飲ませ合うのがお約束だ。

昔の朝鮮半島では「結婚していない人間は半人前」とみなされたので、未婚のまま亡くなった人同士を結びつけての「死後婚」まで行なわれた。未婚の男女が増えている現代では廃れた慣習だが、生前に結婚式を挙げられないまま亡くなったカップルがいると、周囲の人間が「霊魂結婚式」を行なうこともあるという。

覚えておこう! 結婚式の3つのポイント

① 日中韓の結婚式は古来、家庭で行なわれた。

② 日本の神前結婚式が普及したのは明治時代。

③ 夫婦で盃を交わす儀式は、日中韓で共通。

寿 現代の婚礼

自分の信仰に関係なく、好きな形で式を挙げる。

キリスト教式が浸透した日本

キリスト教徒が多い韓国では、クリスチャンは教会で式を挙げ、それ以外の人は日本と同じく、ホテルや一般式場で式を挙げる。クリスチャンが少ないうえに、政府の方針で宗教に制限の多い中国では、庶民はあまり教会に縁がない。

近代の日本では、キリスト教の結婚式をモデルに神道や仏教の結婚式がつくられた。現在は、キリスト教徒でない多くの日本人が教会でチャペル・ウエディングを挙げている。中国と韓国での結婚式は、新郎新婦の親族や地元の有力者が取りしきるのが一般的だ。式場も宗教的な施設ではなく、ホテルや高級レストランを借りて

日中韓の婚礼衣装

日本の地味な衣装に対し、中国と韓国はあでやかな衣装に身を包む。

行なわれることが多い。

赤の他人でも列席可能

最近の日本では、お金をかけずにすませるジミ婚も増えているが、韓国の結婚式は「家の格」を見せる場だけに、可能な限りハデに行なう。

式の山場は新婦側が新郎側の家に贈り物をする「幣帛《へいはく》」の儀式で、干肉や栗、ナツメなどの縁起物を所狭しと広げる。

韓国の結婚式は列席者が多い。10

00人もの客が集まることもあるし、見ず知らずの人がまぎれこんでも怒られない。

中国でも上海などの富裕層は日本円にして2000万もの費用をかけた豪華な式を挙げる。式では新郎と新婦が天地と父母に感謝の念を込めて頭を下げる「三拝三礼」をすることが多いが、披露宴だけの場合もあれば、いきなり新婚旅行に出かけてから知り合いに報告する「旅行結婚」というものもある。

中国と韓国で共通する要素のひとつが、記念写真の撮影に凝《こ》ることだ。ことに中国では、町の写真館を利用するばかりでなく、新郎新婦がそろって北京の天壇《てんだん》公園などの観光スポットに出向き、丸一日かけて何枚も撮影することも。撮影に月収並の費用をかける人もめずらしくない。

ウエディングドレスは深紅!?

日本では式の衣裳に和服とウエディングドレスを両方用意する人もいるが、中国と韓国も同じで、最初はタキシードとドレスで入場したあと、途中で漢服やチョゴリに着替えて、伝統的な儀式に移る場合もよくある。

日本では伝統的な和服の花嫁衣装は白色だが、中国の結婚式では古来から、新郎新婦は真っ赤な服を着た。赤がめでたい色だからだ。そのため、現代でも、真っ赤なウエディングドレスで式を挙げる花嫁は少なくない。

また、昔の中国では、婚礼当日、「花轎《かきょう》」と呼ばれる朱の漆《うるし》が塗られたり、赤い布で飾りつけられた籠《かご》で新婦を運んだ。その現代版として、迎新花車《インシンホアチャ》という派手に飾ったハイヤーが今でも使われている。日本でもかつて、結婚を「輿《こし》入れ」と呼んで新婦を祭りの神輿のようなものに乗せて運んだが、花轎はその原型といえるだろう。

覚えておこう!

結婚式の3つのポイント

① 日本では信徒でなくても教会で式を挙げる。

② 中韓に日本のような仏教式の結婚式はない。

③ 中国では新郎新婦が赤い衣装を着ることも。

寿 来客者の決まりごと

急な連絡、出入り自由など、中韓の式は大雑把？

縁遠くてもとにかく招待

知り合って間もない中国や韓国の人からいきなり「結婚式を行ないます。ぜひ来てください！」」という招待状が来ても、びっくりする必要はない。

韓国の結婚式ではとにかく人をたくさん呼ぶため、親類はもとより職場の同僚、友人・知人など招待状を大量に出すことが多いのだ。端《はな》から全員参加すると考えていないため、出席の返答を出さなくてよいともいわれる。

中国でも、式の前日にいきなり「明日結婚式だからよかったら来てよ」なんて軽いノリで、電話で呼び出される場合もあるそうだ。

日中韓の祝儀袋

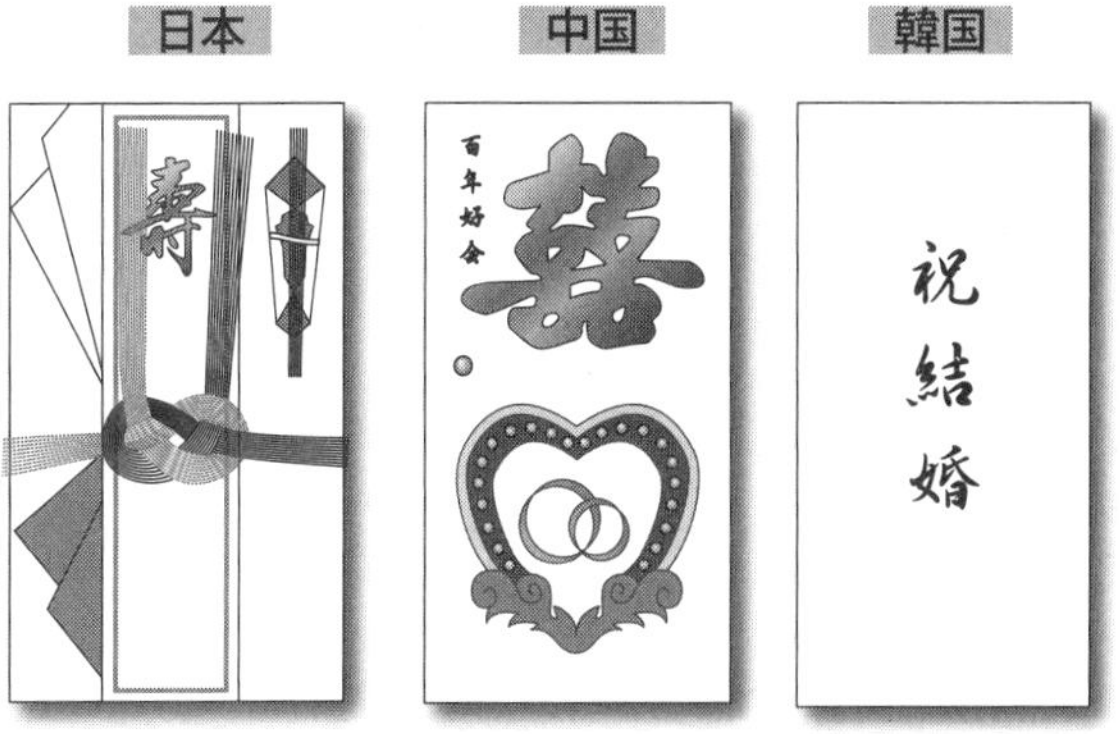

日中には、華美でめでたい文字があるが、韓国はシンプル。

結婚式といえば、日本では黒い礼服を着て出席する男性が多いが、中国では全身黒や白の服は葬儀の服装なので、避けたほうがよい。

フォーマルな服装なら、タキシードのような礼服でなくてもかまわない。女性は、新婦より目立つ服は避けよう。これは日本に限らず中韓でも共通だ。

祝儀は偶数が普通!?

結婚式で列席者の義務といえば、祝儀。これは中国と韓国でも同様だ。日本では友人なら3万円ぐらいから、近い親族であれば5～10万円ぐらいが相場といわれる。中国や韓国でも、相手との関係の深さや結婚式自体の規模によって金額は異なるが、だいたい日本の5分の1～10分の1ぐらいのようだ。

祝儀の相場や贈り物の個数は、日本では2で割れる数だと「別れ」を暗示するためタブーとされている。これは韓国でも同様のようだ。ところが、中国ではむしろ偶数のほうが縁起の良い数字である「双数」として喜ばれる。ただし「死」を暗示する4だけは例外だ。

また、相合い傘は男女のロマンチックな風景だが、中国では「傘」の字は別れを意味する「散」の字に通じてしまうことから、新婚さんに贈ってはいけない。

中国や韓国では、祝儀が安い代わりに、来客者への引き出物は出さないことが多い。とはいえ「なんてケチな！」と思ってはいけない。韓国では、結婚式に来てくれた人に新婚旅行のおみやげを贈ったり、新婚後の新居に招いてのホームパーティーでごちそうする習慣があるのだ。

閉会のあいさつのない結婚式も

日本の結婚式は、牧師・神父や神主の前で誓いの言葉を述べたり、指輪を交換したりと、式の段取りがカッチリしていることが多い。だが、中国や韓国は宗教的な要素がなく、披露宴と一体の式なのでハッキリした終わりの合図がない、というケースがよくある。

つまり、次から次へと人が来てお祝いを述べて飲み食いして帰る……。儀式というよりホームパーティーのようだ。

とはいえ、ただのパーティーではなく、結婚式ならではの余興も少なくない。韓国の結婚式では、新婦の人生を背負うという意味で、新郎が新婦を背負うことがある。なお、中国では近年、結婚式でケーキ入刀が浸透している。

覚えておこう! 結婚式の3つのポイント

①中韓では縁遠い人にも結婚式の招待状を送る。
②日韓は奇数、中国は偶数のお札を祝儀に。
③中韓の結婚式では明確な終わりがない。

別 ゆらぐ結婚観

離婚・再婚をめぐるしきたりはもう通じない。

不倫にいちばんきびしい韓国

「ちょっとぐらい浮気しても、バレないだろ」……と思って道を踏みはずすと、韓国では刑務所行きになる。配偶者以外との性行為は「姦通罪」で裁かれるからだ。

姦通罪を明文化したのは日本のほうが先で、朝鮮半島では日本の統治時代にこの法律が導入された。ただし、戦前の日本の姦通罪は、女性にのみ適用されるものだったため、男女平等に反するという理由で戦後には廃止されている。現在の韓国の姦通罪では、しっかり男女とも対象となっている。

とはいえ、時代錯誤な法律だけに、1990年代以降、姦通罪は合憲かどうかを

日中韓の離婚率

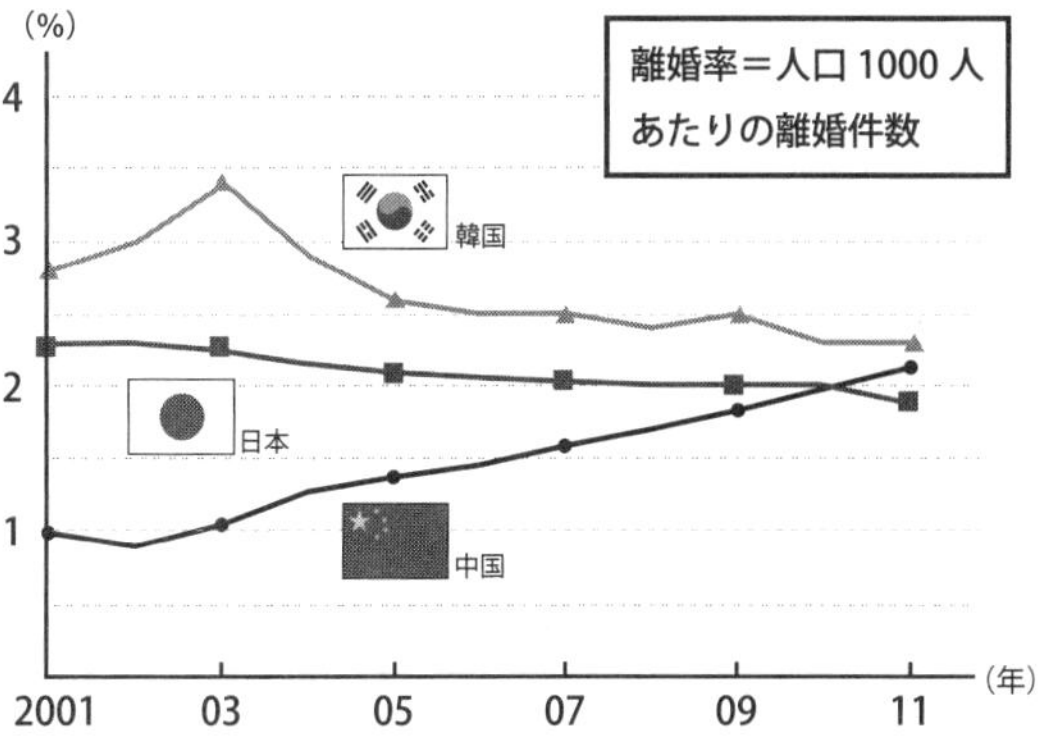

この 10 年間で、日中韓の離婚率は差がなくなっている。

問う訴訟が何度も起きている。
２００８年には憲法裁判所の９人の裁判官のうち、５人が違憲と判断するきわどい結果が出た。11年にもまた姦通罪の廃止を求める訴訟が起こされており、じきに姦通罪は消えるともいわれている。

昔は「出戻り禁止」

儒教の考えに、「列女は二夫《にふ》を更《か》えず」という言葉がある。立派な女は夫を替えない、という意味だ。中国や朝鮮半島では、古くからバツイチにきびしかった。そして、とくに女性の結婚後の出戻りは普通許されず、夫が妻を追い出すという形の離婚はあっても、妻が出て行くのは、まれな話だったのだ。

日本では近代以前、「縁切り寺」という寺があった。夫との離縁を求め、この寺に立ち入った女性は寺の住職の調停のもと、夫と復縁するか、しなければ別れて実家に戻ったという。ただし、実家に戻ると出戻りといわれ、肩身の狭い思いをした。

離婚をめぐるタテマエとホンネ

現代の日本、中国、韓国の人々の結婚に対する考え方がわかるデータがある。

２００５年の国際的な意識調査で離婚を「まったく間違っている」とする人は、日本では約４％ながら、韓国では約18％、中国では過半数の約52％となっている。

ところが、国連統計部による２００７年の調査では、人口千人あたりの離婚率を比較すると、日本は2、韓国2・6、中国1・6だった。日本より離婚に否定的な韓国のほうが日本よりも離婚率が高く、中国も日本とそう差はない。

韓国は、1990年代の中ごろまで日本よりも離婚率が低かった。だが、民主化が進み、家父長の権威も落ち、とくに90年代末のアジア通貨危機による不況以降は、妻に見限られる夫が増えているようだ。

中国でも2003年に婚姻法の改正で離婚手続きが簡略化され、離婚する夫婦が増えているという。その背景には、一人っ子政策のもとで生まれ育った世代は個人主義の傾向が強いこともあるらしい。加えて、共働き世帯の多い北京や上海などの都市部では家政婦を雇い、育児の負担が少なくてすむのも理由とされる。

覚えておこう!

離婚観の3つのポイント

①儒教の影響で、中韓で離婚は許されなかった。

②韓国では1990年代末から離婚率が上昇した。

③中国でも、離婚して自立する女性が増加中。

縁 複雑な氏姓制度

「姓が変わりました」は中国・韓国にはない。

結婚で姓が変わるのは欧米流

アメリカのバラク・オバマ大統領の妻はミシェル・オバマだが、中国の習近平《しゅうきんぺい》国家主席の妻は、習麗媛《れいえん》ではなく、彭《ほう》麗媛だ。

じつは東アジアでは古来、女性は結婚後も姓が変わらず、夫婦別姓が伝統だった。ただし、これは近代的な男女平等の考え方とは意味が違う。男女問わず父系の血統を重視し、女性も死ぬまで実家の血統に属すると考えるからだ。

かつての日本でも源頼朝《みなもとのよりとも》の妻、北条政子《ほうじょうまさこ》のように、高貴な生まれの女性は嫁いでも父方の姓を名乗っていたが、江戸時代になると既婚の女性は結婚相手の家の名

日中韓で多い姓

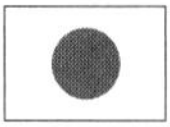		
佐藤	李《リー》・王《ワン》	金《キム》・李《イ》
鈴木	張《チャン》・劉《リウ》	朴《パク》・崔《チェ》
高橋	陳《チェン》・楊《ヤン》	鄭《チョン》・姜《カン》
田中	趙《チャオ》・黄《ホワン》	趙《チョウ》・尹《ユン》
渡辺	周《チョウ》・呉《ウー》	張《チャン》・林《リム》

日本では２文字、中韓は１文字の姓が多い。

を通称として名乗る習慣が生まれた。

たとえば「越後屋の奥さん」というようなものだ。さらに、明治時代にはヨーロッパを模した民法が導入され、欧米諸国と同じく、夫婦は世帯主に合わせて同姓にすることが定着した。

そもそも、明治維新より前に、名字を名乗ったのは人口の6％ほど。現在使われている姓の大部分は、明治期以降につくられたものなのだ。

武家や公家などの血を引く人以外は、一族の名の連続性へのこだわりもあまり強くなかったのかもしれない。

同郷同姓だと結婚できなかった

古くから血統を重んじる韓国では、同姓で本貫《ほんがん》（一族発祥の地）も同じ「同姓同本」の人間は、先祖をたどると同族とみなされる。

このため、たまたま同郷で姓も同じ金《キム》さんだったりすると、見ず知らずの人間同士でも「広い目で見れば兄弟みたいなものだ」ということで仲良くする。だが、逆に結婚したくても「近親婚になってしまうから、いけない」とされていた。

そうはいっても、韓国では、金、李、朴、崔、鄭の五大姓が人口の半分以上に達するというから、かなり不便だ。１９９７年に、ようやく憲法裁判所で「同姓同本の結婚を禁じるのは法的に無効」と認められた。それでもなお、韓国では親戚間での結婚にはきびしい。

日本では、いとこ同士など4親等から結婚できる。中国と韓国では8親等以内はダメだったが、現在では、いとこの子など5親等からはＯＫとなっている。

養子にもこだわる中国と韓国

儒教発祥の地たる中国でも、当然ながら一族の血統を重んじる。だが、一人っ子政策のため、家系の存続が問題となっている。子どもが一人では、父親の家系しか継げないことになってしまうからだ。このためもあって、両親ともに一人っ子の場合は、跡取りを絶やさないために第二子を認める法律が2014年に施行される。

跡取りがいない場合、日本では他家から養子を迎えることがある。しかし中国と韓国では、親のない子を引き取るのではなく跡取り目的の養子なら、遠縁であっても父系の同姓の親類から、というのが基本だ。とくに韓国では、日本のような「婿養子《むこようし》」はめったにないという。

覚えておこう!　婚姻制度の3つのポイント

①日本が夫婦同姓となったのは明治時代以降。
②日本同様、韓国の夫婦は同姓もありえる。
③政策緩和で中国に二人っ子の家庭が増えそう。

慶 敬老精神が生んだ年祝い

高齢化を先取りした長寿イベントがある。

若くても「○○老」は誉め言葉

誕生日を迎えると、「また歳をとったよ……」とボヤく人は多いだろう。しかし、儒教が普及した東アジアでは古来、年長者を敬う文化が根づいており、年齢を重ねることはむしろ尊敬される身分になることだった。なにしろ中国では、実年齢に関係なく「○○老」「○○爺」といった言葉が、尊称として使われているぐらいだ。

日本では高齢になると、60歳の「還暦」、70歳の「古希」、77歳の「喜寿」、88歳の「米寿」、など、数々の年祝いがある。これらは、中国の伝統からきたものだ。そして、還暦を迎えた人に、赤いちゃんちゃんこをプレゼントする。

日本の100歳までの年祝い

60歳	還暦	十二支と十干による干支が60年で一回りするため
70歳	古希	唐の詩人・杜甫の句「人生七十古来稀なり」に由来
77歳	喜寿	喜の略字が七と十と七に分解できるため
80歳	傘寿	傘の略字が八と十に分解できるため
81歳	盤寿	将棋盤が9×9で81マスがうまるため
88歳	米寿	米の字が八と十と八に分解できるため
90歳	卒寿	卒の俗字「卆」が九と十に分解できるため
99歳	白寿	百の字から一をとると白の字になるため
100歳	上寿	60歳を「下寿」、80歳を「中寿」と合わせて呼ぶ

漢字にまつわる年祝いがたくさんある。

60年を一周期とする中国の暦において、生まれた年の干支《えと》に戻ることから「赤ちゃんに還る」とし、さらに、赤色に魔よけの力があることから、赤い服などを着せて長寿を祈る。

韓国でも、生まれて61年目の「還《ファン》甲《ガプ》」を迎えた人に派手な色の幼児用の服を贈り、親族で宴会を楽しんでいた。

平均寿命がぐっと延びた現代では、還暦を無事に迎える人はめずらしくない。そのため、韓国は還暦祝いは地味にして、70歳の古希の祝いで派手な宴会を聞くことが多いという。

お年寄りへのプレゼントには注意を

中国や韓国では、現在でも日本より敬老精神が残っているので、年祝いのちょっとしたイベントやプレゼントもさかんだ。年祝いの贈り物としては、高齢者には滋養強壮や健康によい食品、女性であれば服飾品などが喜ばれる。

ただし、中国ではお年寄りに置き時計を贈ると相手の機嫌を損ねる。置き時計をさす「鐘」という字の中国語の発音は「終」と同じため、「(人生を)さっさと終われ」という悪い意味になってしまうからだ。ハンカチも別れの象徴として葬儀で配られるものなので、お年寄りへのプレゼントとしては縁起がよくない。

古風な人はせっかくの贈り物を一度は断わってみせる場合もあるが、これは本気で嫌がっているのではない。謙虚にふるまうべしという意識が強いからだ。日本のおばさんがニコニコしながら、「こんな高い物、いただけませんわ〜」と言うのと同じような感覚だ。

年男と年女が厄年!?

日本では江戸時代ごろから、男性は数えで4歳、25歳、42歳、61歳を、女性は19歳、33歳、37歳、61歳を厄《やく》年とし、厄払いをする。

また、12年周期で生まれた年の干支がめぐってくると、「年男」、「年女」と呼ぶが、中国や朝鮮半島では、これを厄年とした。現代の中国でも、年男、年女となった人は、邪気を祓《はら》うとされる赤い色の下着や魔よけグッズを身に付けることがあるという。

還暦は年祝いであると同時に厄年ともなる。年齢を重ねれば背負う責任も重くなり、気をつけなければならないことも多い。だからこそ、無事に乗り切れればめでたいのだ。

覚えておこう! 年祝いの3つのポイント

① 日本は還暦、韓国は古希を派手に祝う。
② 中韓は日本以上に年祝いを重要視する。
③ 厄年は中韓にもあり、干支の年が厄年。

弔 神道式と仏教式の葬儀

おごそかな葬儀が、伝統だとは限らない。

昔、喪服の色は白だった

今でこそ喪服も斎場も黒が基本だが、じつはこれは、西洋から来た習慣だ。武士が切腹に臨む時代劇のワンシーンを思い浮かべるとわかるように、日本を含めた東アジアでは古来、故人に着せる「死に装束」は白い。喪服や斎場も白がお決まりだった。白は不幸を象徴する色だったからだ。

現在の日本では、仏教式の葬儀が大多数だ。臨終を迎える人に末期《まつご》の水を与え、亡くなった人にはあの世に行くまでの弁当として枕飯《まくらめし》を供える。遺体に着せる服は生前とは逆に左前に襟《えり》をそろえ、その場を清める意味で線香の火は絶やさずにおく。

中韓の伝統的な葬儀

中国　　　　韓国

白の喪服を着た参列者　　　　黄土色の喪服を着た参列者

中国と韓国は喪服を着た参列者が遺体を運ぶ。

葬儀で僧侶が読経するのは、故人が仏の弟子の一員になることを示す。

一部では神道式の葬儀も行なわれているが、こちらでは祝詞を唱える。これは、故人が祖霊神の一員になったことを告げる意味がある。

喪主は跡継ぎが優先

韓国では、故人の信仰によっては仏教式や、キリスト教式の葬儀も行なわれるが、李氏朝鮮の時代に定められた儒教式が一般的だ。

まず日本と同じく、亡くなった人の遺体を湯灌《ゆかん》（遺体を入浴させて洗う）して清め、白い経帷子《きょうかたびら》を着せる。そして、あの世へ行くまでの食料として遺体の口に米を含ませる。参列者が遺族を扶助するため、香典を贈るのは日本も同じだ。ただし、遺体は日本では北枕だが、韓国では頭を南に向ける。

父系の連続性を重んじる韓国では、喪主は基本的に故人の妻や夫ではなく長男が務める。もし、長男がいないようなら、次男よりも長男の長男、つまり直系の孫が優先される。

入棺の前には遺体を固く縛《しば》る。そして、日本の場合と同様に、入棺のあと埋葬するまで遺族は食事をして故人をしのんで語り合う。

中国では社会主義になって以降、葬儀から宗教的な要素はなくなりつつあるが、香典があるのは日本や韓国と同じだ。都市部では殯儀館《ひんぎかん》と呼ばれる葬儀場兼火葬場があり、遺体は死去した翌日には納棺して墓地に運ばれる。参列者は喪服を着ずに、平服に黒い喪章のみを付けることが多い。

泣いたあとは、楽しく過ごす

葬儀はしめやかに行なうのかというと、かならずしもそうではない。中国では派手に爆竹を鳴らして棺を運ぶ場合もある。また、中国や韓国の地方、台湾などでは「泣女《なきおんな》」が雇われることも少なくない。これは葬儀で列席者を代表して、悲しみを表わすため派手に号哭《ごうこく》する役だ。

じつは泣女は『古事記』や『日本書紀』にも登場する。日本でも、壱岐《いき》や対馬《つしま》、伊豆《いず》諸島など、離島地域には昭和初期まで泣女の習慣が残っていたという。

中国や韓国では、葬儀で派手に泣いたあとは、大いに飲食して楽しく過ごすことが、故人への供養になると考えられている。

覚えておこう! 葬儀の3つのポイント

①日本では昔、喪服の色は白色だった。
②中国都市部の葬儀は、宗教色が薄い。
③中韓の葬儀では派手に泣く場合がある。

弔

変わりゆく埋葬法

遺体はそのまま埋めるのが、昔の伝統だった。

親の遺体を燃やすのは不敬!?

亡くなった人をどのように埋葬するかは、時代とともに変化してきた……。このことは、ある面では中国と韓国が日本の後を追い、さらに追い越しつつある。

日本では江戸時代以降、ほとんどの世帯が地域の仏教寺院の檀家《だんか》となったため、遺体の埋葬は仏教式にしたがって火葬が主流となった。元来、神道式は土葬が基本だったが、現在では神道式の葬儀でも火葬が行なわれる。

中国や韓国でも仏教徒は多いが、日本と異なり、葬祭の儀礼に僧がかかわることはめったにない。このため20世紀の中ごろまでは、土葬のほうが主流だった。

日中韓の昔と現在の埋葬

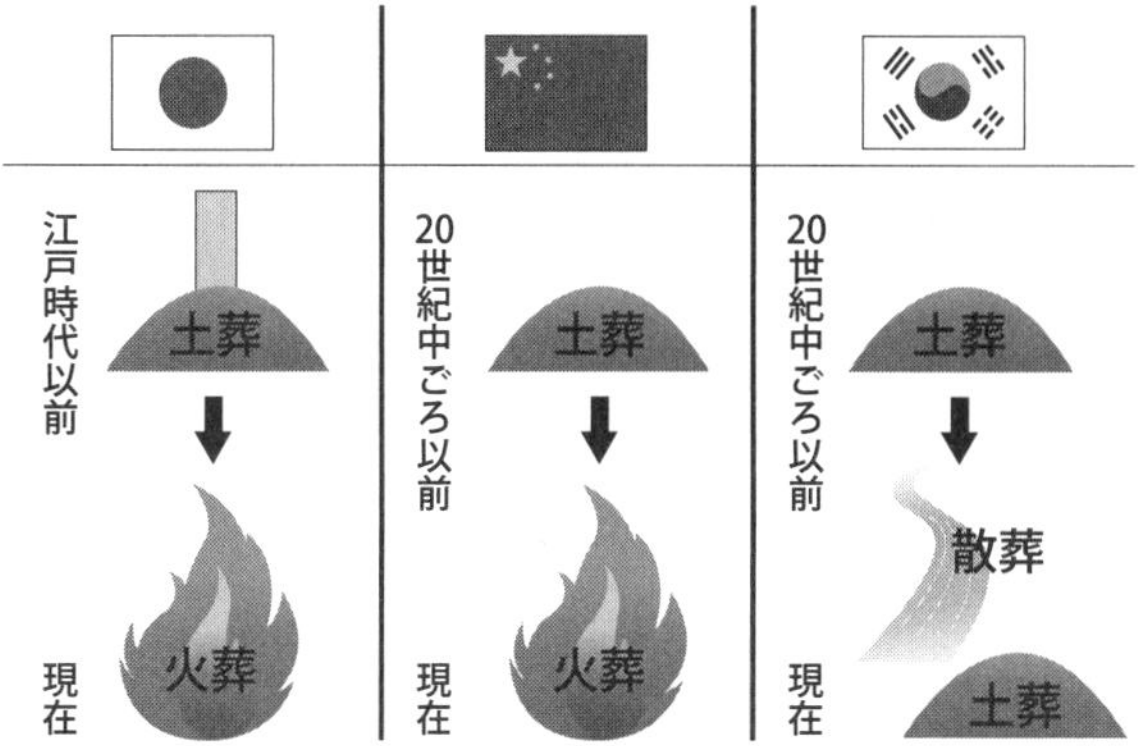

日本は仏教の影響で、中国は共産党の方針で火葬が増えている。

父母への孝行を大事にする儒教の考えが強い中韓の人にとってみれば、亡くなった親の肉体に火をつけて燃やすなど、とんでもない行為となるからだ。

国家の方針で火葬に

火葬すれば遺骨はコンパクトになるが、土葬は埋葬に場所をとってしまう。

中国では社会主義政権になって以降、１９５０年代から火葬を奨励し、とくに85年以降、人口の多い都市部では火葬が義務づけられた。そのため、現在では死亡した国民の過半数が火葬されている。

同じく、韓国でも70年代以降は政府が火葬を奨励した。その結果、90年に約20%だった埋葬法における火葬の割合は、２００９年には約60%にまで上昇した。

現在の韓国では、遺骨は残さず完全に遺灰にして、川などに散葬する場合が多いという。中国でも、伝統にとらわれない埋葬の前例を示すためか、周恩来《しゅうおんらい》や鄧小平《とうしょうへい》など、共産党の最高幹部クラスが散骨されている。

日本で散骨を希望する場合は、骨を完全に灰にするか砕く必要がある。川や海から人骨があがると、ものものしい事件と誤解されることもあるからだ。

キリスト教では、死者はいずれ復活すると考えられているため、現在でも遺体は燃やさずに土葬するのが基本だ。キリスト教徒の多い香港などでは、一度土葬したあと、遺体が朽ちてから遺骨だけを回収して洗い、改めて遺骨を埋葬することもある。沖縄でも、かつては、まず遺体を野外にさらし、骨だけになってから改めて埋葬する「風葬」が多かった。

中国の葬儀は「あの世も金次第」

豪華な副葬品で有名な秦の始皇帝陵がいい例だが、漢民族には葬儀や埋葬に財力をそそぐ慣習があった。現在でも香港の金持ちは、生前からやたら立派な棺《ひつぎ》を用意している場合があるという。

このように、あの世行きにもお金をかける慣習の名残《なごり》として、中国では葬儀のときに「紙銭《しせん》」というものを燃やす。つまり、お金を模した副葬品だ。

この慣習は日本で「三途の川の渡し賃」として六文銭の絵を入れるのとは意味が違う。「あの世で使うお金」として閻魔《えんま》大王の絵が描かれた模造のお札を棺に入れるのだ。まさに「あの世も金次第」というわけである。

覚えておこう!　埋葬の3つのポイント

① 日本で火葬が広まったのは、江戸時代。

② 中韓の埋葬は、火葬が過半数を占める。

③ 中韓には、土葬を希望する人もいる。

弔 個人専用と家族の墓

「お墓は一族のもの」は日本独自の発想だった。

寺が永代供養するのは日本だけ

意外に思われるかもしれないが、仏教には本来、「先祖代々の墓」という概念はなかった。そもそも仏教の開祖であるブッダが、出家する際に実家を捨て、俗世から離れている。

日本では仏教の僧が葬祭にかかわるのが定着した結果、寺に墓地が属するようになった。いわば、檀家の一族ごとに地元の寺と契約している。個人で墓を建てる人もいるが、多くの霊園では墓の継承者がいる限り、墓所の永代使用権を認めている。

ちなみに、沖縄では古来、亀甲墓《きっこうばか》という石造りの屋根付きの大きな墓がつくられ

中国と韓国の墓

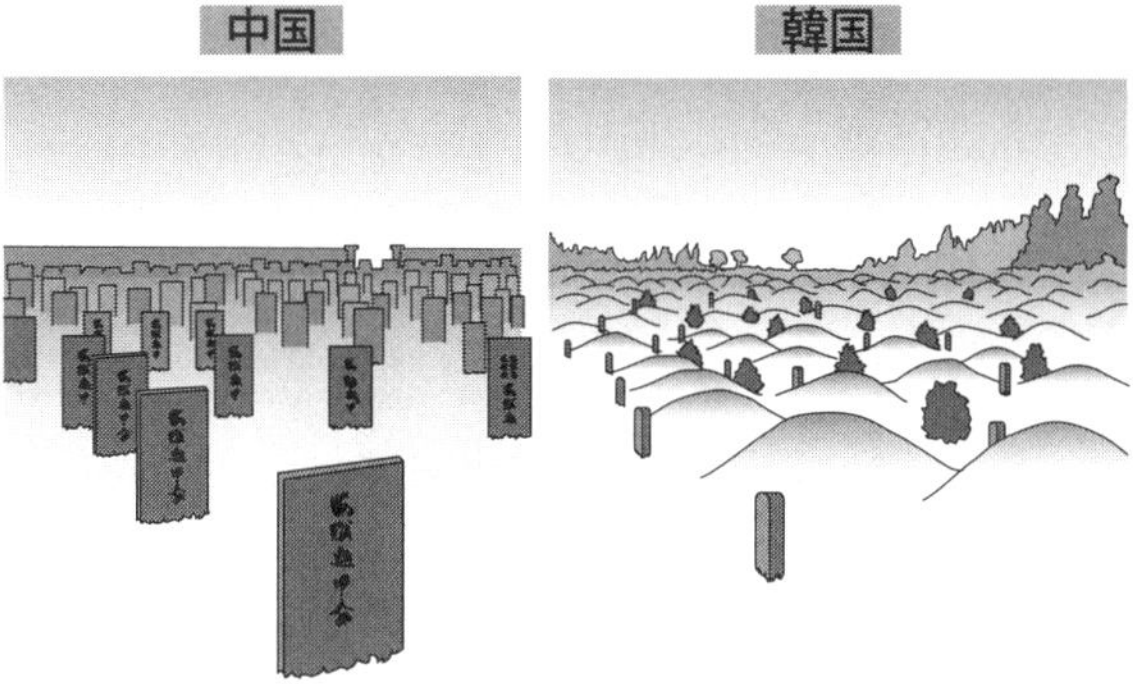

中国は個人の墓が並べられ、韓国は土葬した個人の墓が並ぶ。

ていた。別名、門中墓とも呼ばれ、父系の先祖を共通にする一族の共同の墓だった。ただし、現在では家族単位の墓が増えている。

丘は一族の墓でいっぱい

韓国では伝統的に、まず風水師が地相を占って墓地の方角を選ぶ。

墓がつくられるのは、平地の場合もあるが、山や丘の斜面に沿った場所が多い。遺体を収めた場所は地面を土まんじゅう型に盛り、その前に試石をそえた。試石とは、故人の姓名、生年月日、行跡などをきざんだ石だ。

土葬が主流だった韓国では、「一族代々の墓」がひとまとめにされるわけではなく「個々人の墓」が次々とつくられるのが基本だった。とはいえ、一人一基ずつの墓をつくっていたら土地が不足してくる。

斜面に墓をつくった場合は、上から祖父、父、子、孫……という順に並べるのが基本だ。後から生まれた者は場所も下と決まっているので、場所がなくなったからといって、上や横に次の墓をつくるわけにはいかない。

こうした事情もあり、現代では場所をとらない火葬が増えている。

埋葬場所は個人主義の中国

中国では、たまに夫婦でセットの墓もあるが、一族単位ではなく、ほぼ個人単位が基本だ。もっとも、中華人民共和国が建国されて、社会主義の時代になってからは、政府の方針で移転させられたり、ひとまとめにされたりする墓地も少なくない。

現代では、北京の郊外などに公営墓地がつくられ、同一デザインの墓碑がずらりと並んでいる。

火葬が普及している都市部では、「寝園」「息園」と呼ばれる大規模な納骨堂が増えており、さながら「墓の集合住宅」といった様相だ。また、チャーター船で長江《ちょうこう》や東シナ海に散骨したり、公共墓地に遺灰をまいて木を植える「樹木葬」なども増えている。

散骨や樹木葬などの埋葬法が自分で選ぶことができるように、中国では埋葬などは個人の意思を尊重する。「一族代々の墓」ではなく「個々人の墓」が多いのも、そうした背景があるようだ。

覚えておこう!

墓の3つのポイント

① 中韓に、「一族代々の墓」はない。
② 韓国では、血縁関係にある個々人の墓が並ぶ。
③ 中国にも、散骨や樹木葬などの埋葬がある。

弔 供養の儀礼①

葬儀後も供養のために
人々が定期的に集まる。

三十三回忌まで行なわれる法要

東アジアの古くからの宗教観では、人が死ぬと、まっすぐあの世に向かい極楽か地獄に行く……、というわけではない。

日本では、葬儀のあと初七日、四十九日、一周忌など、定期的に追善供養が開かれ、檀家となっている寺の僧による読経などを行なうのが一般的だ。

すると、四十九日などの区切りは、ブッダが決めたものなのだろうか？　答えはNOだ。じつはこれは、中国の唐王朝から宋王朝にかけての時代に、仏教と道教の「十王信仰」が結びついて生まれたとされる。十王とは閻魔大王ら十人の冥府《めいふ》の王で、

日本で行なわれるおもな法要

中陰《ちゅういん》法要	年忌《ねんき》法要
初《しょ》七日《なのか》（初願忌《しょがんき》）	百《ひゃっ》か日《にち》（卒哭忌《そっこくき》）
二《ふた》七日《なのか》（以芳忌《いほうき》）	一周忌《いっしゅうき》（小祥忌《しょうしょうき》）
三《み》七日《なのか》（洒水忌《しゃすいき》）	三回忌《さんかいき》（大祥忌《だいしょうき》）
四《よ》七日《なのか》（阿経忌《あぎょうき》）	七回忌《ななかいき》（休広忌《きゅうこうき》）
五《いつ》七日《なぬか》（小練忌《しょうれんき》、三十五日）	十三回忌《じゅうさんかいき》（称名忌《しょうみょうき》）
六《む》七日《なのか》（檀弘忌《だんこうき》）	三十三回忌《さんじゅうさんかいき》（清浄本然忌《せいじょうほんねんき》）
七《なな》七日《なぬか》（大練忌《だいれんき》、四十九日）	

よく行なわれる初七日や三回忌などのほかにも、法要がある。

死者は初七日から順に、十王の裁きを受けると考えられた。

日本の追善供養といえば一般的に、一周忌以降の年忌《ねんき》供養が十三回忌まである。このあとは十七回忌、二十七回忌など、宗派によって追善供養の有無が異なる。

また、三十三回忌をもって「弔《とむら》い上げ」とし、死者の霊は先祖と同じく祖霊神の一員になるとみなす宗派もある。これが、人は死後、神になるという日本古来の神道の信仰と結びついた考え方である。

供養は故人のひ孫、ひひ孫の代まで

先祖を大事にする朝鮮半島では、故人を祀る儀式も多い。

まず、近親者の死後、喪主は3年間喪に服すのが基本だ。1年目は初葬、2年目は再葬、3年目は三葬と呼ばれる。李氏朝鮮の時代には、親孝行な喪主は、2年間、親の墓の近くに小屋を建てて住むという習慣があった。

さらに、故人の4代あとまで毎年、命日には親族が集まって忌祭《きさい》を行なう。つまり、故人の死後100年ぐらいまで、弔いの儀式をするわけだ。

加えて、年に1回は、5代より前の先祖を祀る墓祭《ぼさい》を行なう。こうした儀式では、お香を焚《た》きお酒を供えて、先祖を悼《いた》む祝詞を読みあげる。

また、年に数回、旧正月《ソルラル》や秋夕《チュソク》（中秋）などの時期にも、家ごとに先祖供養の儀式を行なう。この儀式を「茶礼《チャレ》」といい、祝詞を読みあげることはない。

そして、お茶ではなくお酒が供えられることが多い。これは、高麗の時代までの仏教の儀礼で、神仏にお茶を供えていたことに由来している。

宗教色が薄い中国の追悼会

中国でも日本や韓国と同じく、初七日、四十九日、一周忌などを節目として遺族が集まり、追悼会を開催するのが通例となっている。そもそも、東アジアの先祖供養の儀礼のモデル像は、親孝行を重んじる儒教の習慣からきているためだ。

だが、現代では、共産党政権のもとで民間行事から宗教的な要素を取りのぞくことが進められているため、故人の遺影を囲んで弔辞を読むなど、比較的シンプルな追悼会になっている。

覚えておこう! 供養の3つのポイント

①初七日、四十九日などは日中韓で共通。

②三十三回忌が「弔い上げ」なのは日本だけ。

③中国の先祖供養では、追悼会が行なわれる。

弔 供養の儀礼②

墓参りと先祖供養の供え物にお国柄が見える。

神道と仏教が融合したお盆

故人の命日や年忌以外で欠かせない先祖供養の日といえば、日本ではお盆だ。これは、日本古来の祖霊を祀る「魂祭《こんさい》」と、仏教の習慣で、苦しんでいる亡者を祀る「盂蘭盆《うらぼん》」が結びついて生まれた。現在ではお盆といえば8月だが、もともとは旧暦の7月15日だった。この旧暦をお盆とする地域もある。

一般的なお盆は、8月13日の夕方に迎え火を焚いて、先祖の霊を迎える。明るく灯《とも》された盆提灯は、先祖の霊があの世から自分たちのもとへたどり着いてもらうための目印だ。そして、精霊棚に初物の農作物などを供えておく。その後16日の夕方

日中韓の墓参りの時期

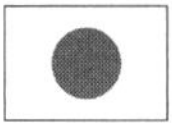		
お盆 8月13〜16日	**清明節** 4月5日ごろ	**旧正月** 1月22日ごろ〜 2月19日ごろ （旧暦1月1日） **寒食** 4月5〜6日 （冬至から105日目） **秋夕** 9月中旬〜下旬 （旧暦8月15日）

日中は墓参りが年1回に対して、韓国は年3回墓参りをする人もいる。

に送り火を焚き、先祖の霊を送り出す。

日本と同じように、中国と韓国にも、昔から先祖供養のシーズンがある。

韓国では旧暦の8月15日（9月末か10月のはじめ）の秋夕《チュソク》、中国では、二十四節気のひとつにもなっている4月5日ごろの清明節《チンミンジェ》だ。

日中韓とも先祖供養で共通するのは、帰郷し、墓を掃除して雑草を取りのぞいた後、先祖に供え物をして墓参りをする点だ。時期は微妙に異なるが、全国的な帰省ラッシュで大渋滞になるのも同じである。

韓国の母親がいちばん忙しい日

秋夕は、韓国の伝統行事としては年間を通して最大のイベントのひとつのため、旧暦の8月15日の前後1週間ぐらいは、多くの会社は公休となる。

とにかく先祖を大事にするのが美徳の韓国らしく、秋夕の供え物は非常にゴージャスだ。家ごとの祖霊を祀る祭壇には、初物のご飯や果物、野菜、魚の干物、肉の串焼きなど20種類ほどをずらりと並べる。

供え物のメニューのひとつで欠かせないのが松餅《ソンピョン》だ。これは、新米の粉をこねてつくった餃子のような半月型の菓子で、中には小豆や緑豆、クルミ、栗などを入れ、松葉を下にしいて蒸し器で蒸した料理。外見は緑やピンクなどカラフルだ。

一族代々の墓が近くにある本家では、供え物の料理や盛りつけの手間がかかるのに加え、親類がどっと訪れる。このため、韓国の一家の母親にとって、秋夕は1年でいちばん忙しい日となっているそうだ。

清明節の供え物は「お金」！

中国の清明節は祝日だ。墓参りのために、海外に住む中国人も帰国することが多い。

近年は、「墓参りに行く余裕がない人のため、インターネットを利用した墓参りの代行サービス業まであるという。

清王朝時代までは、清明節の墓参りの際、お酒や「あの世で使う金」として紙銭《しせん》を供えることも多かった。紙銭は副葬品として葬儀のときも燃やすが、定期的に先祖にもお金を贈るという。

また、清明節に供養するのは先祖ばかりでなく、戦没者も同じ。愛国教育の一環として学生が戦没者祈念碑の清掃に動員されるという。

覚えておこう！　供養の3つのポイント

① 日中韓で先祖供養のシーズンは異なる。

② 墓参りシーズンは、日中韓とも大渋滞が発生。

③ 秋夕になると、韓国の既婚女性は大忙し。

ココにも注目❷

近代化で静かで簡素に

沖縄では、仏教の僧ではなく地域の世話役が葬儀を仕切るのが伝統だった。古くは火葬ではなく風葬が一般的で、故人に白装束を着せるという慣習もなかった。そして、死者の世界は現世と地続きと考えられている。

台湾では古くから葬祭は「祭り」としての側面が強い。たとえば、派手に爆竹を鳴らした葬列が、町を練り歩くのが通例だった。この行為は、参列者が楽しんでくれることが、故人への供養になると考えられていたからである。

もっとも、都市化の進んだ台北市では、斎場である殯儀館でのしめやかな葬儀が一般化している。

日本からしてみれば、ナゾだらけの北朝鮮だが、葬祭は基本的に韓国と共通である。しかし、社会主義政権になって以降、中国と同じく伝統的な儀礼は簡略化が進んでいる。このため、故人への供え物は少ない。その代わりというわけではないが、葬儀の際、「主席の温情」という形で、国から喪主に対して特別に食品の配給があるというからおどろきだ。

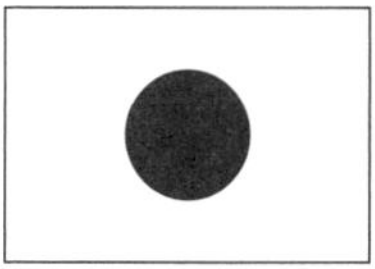  

パート3

伝統行事

知って
おこう
3

文化融合をくり返す年間行事

昔の面影を残しつつ、時代とともに行事は変化を続ける。

◉農耕と季節の節目から生まれた祭り

春夏秋冬の四季がある日本と同じく、中国の国土の大部分（内陸の砂漠やツンドラ以外の地域）や、朝鮮半島も四季がはっきり分かれている。

東アジアでは、およそ3000年前の中国の殷《いん》周王朝時代から暦が整備され、春の到来、農耕での種まき、収穫など四季折々の節目を祝う祭りや儀礼が生まれた。

五月の端午《たんご》の節句や夏の中元など、日本における年間を通しての伝統行事の多くは、中国の土着的な習慣からきているものが多い。農耕や暦など、さまざまな文化が中国から伝わったことを考えれば、もっともな話だろう。

現在の中国は日本と同じく、西洋式の太陽暦を取り入れているが、民間の年間行事の習慣は1912年の清王朝滅亡まで使われた旧暦がベースになっている。さすがに漢王朝時代から2000年以上も続いた伝統は、容易には変わらない。

◉形を変えて残る伝統の行事

東アジアは欧米などのキリスト教文化圏などと違い、仏教、儒教、道教ほかの文化が入り混じっている。日本では、もとは道教の習慣だった年越しのお祓《はら》いを神社で行なうなど、外来宗教の習慣が形を変えて根づいた行事が少なくない。

もっとも、これは日本に限らない。たとえば、クリスマスはキリストの誕生日とされているが、これは古代のヨーロッパの冬至の祭りがローマ帝国時代にキリスト教と結びつけられたもので、じつは聖書にキリストの生まれた日は出てこない。

現代では、キリスト教徒ではない日本人も韓国人も中国人もクリスマスを祝う。年中行事は時代とともに変化し、ときに異文化と融合することもあるのだ。

暦 十二支で親しまれる暦

干支などは、数千年前から使われてきた。

中国と韓国には豚年がある

毎年の年賀状を飾る干支は、中国と韓国でも定着している。そこで、中国人や韓国人に「干支は何ですか?」と聞くと、「豚年です」と答えられる場合がある。

十二支の「亥」は日本では猪をさすが、本来は豚なのだ。中国と朝鮮半島において、豚は古くから牛や馬と同じくらい身近な動物だった。しかし、日本では豚を飼う家が少なかったので、日本に生息している猪を当てはめたわけだ。

日本の干支は「子・丑・寅・卯・辰・巳・午・未・申・酉・戌・亥」の十二支だが、もともとは「甲《こう》・乙《おつ》・丙《へい》・丁《てい》・戊《ぼ》・己《き》・庚《こう》・辛《しん》・壬《じん》・癸《き》」の「十干《じっかん》」とセット

六十干支表

1	2	3	4	5	6	7	8	9	10	11	12
甲子	乙丑	丙寅	丁卯	戊辰	己巳	庚午	辛未	壬申	癸酉	甲戌	乙亥
13	14	15	16	17	18	19	20	21	22	23	24
丙子	丁丑	戊寅	己卯	庚辰	辛巳	壬午	癸未	甲申	乙酉	丙戌	丁亥
25	26	27	28	29	30	31	32	33	34	35	36
戊子	己丑	庚寅	辛卯	壬辰	癸巳	甲午	乙未	丙申	丁酉	戊戌	己亥
37	38	39	40	41	42	43	44	45	46	47	48
庚子	辛丑	壬寅	癸卯	甲辰	乙巳	丙午	丁未	戊申	己酉	庚戌	辛亥
49	50	51	52	53	54	55	56	57	58	59	60
壬子	癸丑	甲寅	乙卯	丙辰	丁巳	戊午	己未	庚申	辛酉	壬戌	癸亥

十二支と十干を組み合わせて暦として使っていた。


で暦（干支）を表わしていた。

たとえば十二支と十干をかけ合わせると、甲子から癸亥までで60通りの組み合わせができる。つまり、60年で一周するため、60歳を「還暦」と呼ぶわけだ。

清王朝が打倒された「辛亥革命」のように、中国と韓国では歴史上のできごとを当時の干支で記していた。具体的には、豊臣秀吉の命で朝鮮半島に攻め込んだ「文禄の役」は「壬辰《じんしん》倭乱《わらん》」、「慶長の役」は「丁酉《ていゆう》倭乱《わらん》」と韓国では呼ばれる。

農耕用としてつくられた暦

十二支と十干の歴史は古い。なんと、紀元前１６００～紀元前１０００年ごろの古代中国に存在したとされる殷王朝時代のころから使われている。日本には7世紀の飛鳥《あすか》時代には伝わったという。

殷が存在した黄河《こうが》流域では、農耕のために正確な暦が必要とされたため、早くから天文学が発達。歳星（木星）の公転周期をもとに12年で一周とする十二支がつくられた。また、殷では10日間を生活上のひとつのサイクルとしていた。これは「旬」と呼ばれ、1カ月を上旬、中旬、下旬に分けていた。十干は、10日間の旬に甲から癸までのナンバリングをし、割り振ったものだ。

殷から数百年後の春秋戦国時代には、自然界のあらゆるものを陰と陽に二分する「陰陽説」と木、火、土、金、水の5つの元素に当てはめる「五行説」が広まり「陰陽五行思想」が生まれた。そして、十干にも陰陽と五行の属性を振り分けられる。

「仏滅は縁起が悪い」は日本だけ

干支と並び毎日の日付に割り振られているのが、大安や友引などといった「六曜《ろうよう》」だ。六曜は、中国の元から明王朝のころ日本に伝わった。しかし、今や中国と韓国ではほぼ使われておらず、由来もナゾが多い。六曜には「仏滅」があるが、本来「物滅」と書き、仏教とは関係がない。日曜からはじまる七曜とは異なり、毎年1月1日は「先勝」、2日は「友引」などと曜日が決まっている。

日本では、結婚式は大安が吉日、仏滅は縁起が悪い日などとされているが、六曜が吉凶と結びつけられたのは江戸時代以降だ。伝統的と思われているもののルーツが、じつはそんなに古くないことを伝える一例といえる。

覚えておこう!　暦の3つのポイント

①十二支の亥が猪なのは日本だけ。

②日本は、中国の暦を3000年使用していた。

③大安などと吉凶を結びつけるのは日本だけ。

暦 農作業と「二十四節気」

日本、中国、韓国では年間の節目が少し異なる。

月と太陽にもとづく節気

「暑さ寒さも彼岸まで」という言葉が日本にあるが、この彼岸こと春分、秋分を含む「二十四節気」は、二千数百年も前の中国で生まれたものだ。

各月（1月～12月）に2回、年間で合計24回ある二十四節気は、種まきや収穫など季節ごとの農作業の目安として定められた。古代では星の位置を観測して割り振っていたが、現在では太陽の見かけの通り道である黄道を24分割して当てはめている。

旧暦（太陰太陽暦）では、月の動きにもとづく1年のはじまりは元旦だが、太陽の動きにもとづく1年のはじまりは立春ということになる。

二十四節気の一覧

春	夏	秋	冬
立春《りっしゅん》（2／4ごろ）	立夏《りっか》（5／6ごろ）	立秋《りっしゅう》（8／8ごろ）	立冬《りっとう》（11／7ごろ）
雨水《うすい》（2／19ごろ）	小満《しょうまん》（5／21ごろ）	処暑《しょしょ》（8／23ごろ）	小雪《しょうせつ》（11／22ごろ）
啓蟄《けいちつ》（3／6ごろ）	芒種《ぼうしゅ》（6／6ごろ）	白露《はくろ》（9／8ごろ）	大雪《たいせつ》（12／7ごろ）
春分《しゅんぶん》（3／21ごろ）	夏至《げし》（6／21ごろ）	秋分《しゅうぶん》（9／23ごろ）	冬至《とうじ》（12／22ごろ）
清明《せいめい》（4／5ごろ）	小暑《しょうしょ》（7／7ごろ）	寒露《かんろ》（10／8ごろ）	小寒《しょうかん》（1／5ごろ）
穀雨《こくう》（4／20ごろ）	大暑《たいしょ》（7／23ごろ）	霜降《そうこう》（10／23ごろ）	大寒《だいかん》（1／20ごろ）

季節につき、6つずつの節気に分かれている。

古来、中国朝廷は立春を二十四節気のはじまりとして盛大に祝った。民間では、綱引きや打毬《だきゅう》（ボール遊び）などをして楽しんだという。

二十四節気で3月の春分と9月の秋分は日本では祝日であり、「彼岸」として先祖の霊を供養する。夏至のある6月末と冬至のある12月末には、神社で厄払いのための大祓《おおはらえ》が行なわれる。

中国と韓国の清明節

現在の中国で最重視されている行事

が、4月の「清明節」だ。この時期は昔から「さあ春が来て暖かくなったぞ」という目安にされ、人々が外に出て農作業をはじめ、春のお祭りを行ない、凧あげやブランコ遊びなどをしていた。そして墓参りなどの先祖供養の儀礼も行なわれている。

朝鮮半島でも、古くから清明節は農作業の開始の合図とされた。ただし、先祖供養は、正月やお月見のある9月の秋夕などの時期に行なわれる。

中国から朝鮮半島、そして日本にも伝わった共通の慣習といえば、「冬至に小豆《あずき》粥《がゆ》を食べる」というものがある。小豆の赤色は邪気を払うといわれ、1年間の無病息災を祈る意味がある。もとは、古代中国の王が倒した敵の霊を慰め、邪気を祓ったことから、小豆粥を炊いたという中国の故事が起源とされている。

日本と中国の季節感のズレ

二十四節気にのっとると、真夏の暑さが頂点に達する「大暑」は7月23日ごろ、秋のはじまり「立秋」は８月７日ごろ……。とはいえ、体感的には１、２カ月秋が早いのでは？　と思ってしまう。

しかし、古代に二十四節気の確立された中国内陸部（黄河流域の現在の西安周辺）の気候では、実際に７月が１年でもっとも暑く、９月には平均気温が一気に５度くらい下がることに由来する。朝鮮半島の気候もこれに近い。

ところが、太平洋に面する日本は、夏に南太平洋で発生する高気圧や暖流の影響で、８月、９月まで暑さが続く。中国がつくった暦とズレがあるのも無理はない。

こうした事情もあり、日本気象協会では現在、二十四節気を日本の気候に合った形に定め直すことも検討している。もっとも、日本で何百年も定着している伝統的な習慣だけに、慎重な議論が重ねられている。


覚えておこう!
二十四節気の３つのポイント

① 太陽の位置をもとにできたのが、二十四節気。
② 彼岸に先祖供養を行なうのは日本だけ。
③ 中国と韓国は、７月がいちばん暑い。

暦 年末の過ごし方

年末はオールナイトで年を越す。

借金も鬼も年内に「祓う」

新年を迎える前に、イヤな物事は片づけたい。この感覚は日中韓で共通だ。年末、日本では大掃除をするが、韓国では借金をなるべく返すのが決まりとなっている。そして、年が明けても1月15日までは返済を催促しないのがお約束だ。東アジアでは古来から、家の汚れや金銭トラブルだけでなく、災厄のもとは年末にまとめて祓い、すっきりした気分で新年を迎えよう、という考え方がある。

日本各地の神社では、大晦日《おおみそか》には茅《ち》の輪くぐりなどの大祓の儀礼が行なわれ、とくに宮中では、疫鬼《えきき》を祓う追儺《ついな》（鬼やらい）の儀式がある。もともと追儺は道教の

中国と韓国の年越し料理

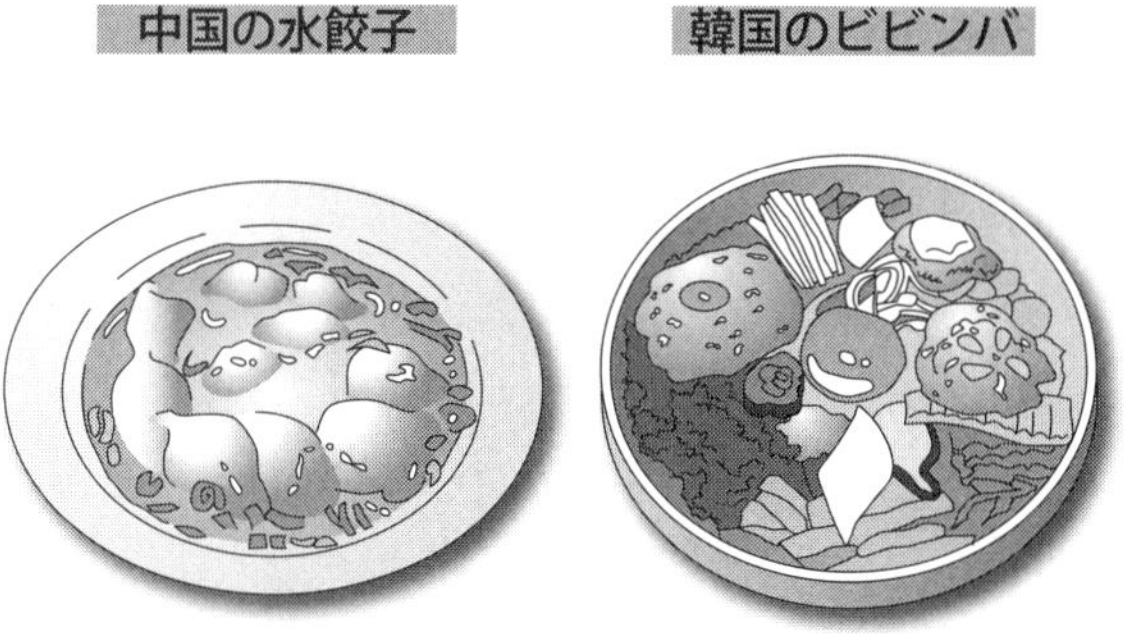

中国の年越しに水餃子は欠かせないが、韓国ではビビンバがないことも。

行事で、参加者が道教の神々や疫鬼の仮面を付け、派手に太鼓を打ち鳴らし、災厄を祓う儀式を行なっていた。

この慣習は中国から朝鮮半島にも伝わっているが、しだいに宗教儀礼というより大衆芸能の仮面劇として発達していく。今でも韓国の地方のお祭りでは、「表情豊かな仮面をかぶって踊る」ものが多い。

ある意味では、日本の能楽にもちょっと似ている。能の源流も、仮面をつけて行なう武士の鎮魂の儀礼だったのだ。

大晦日は徹夜が当たり前

現代の日本では、大晦日は深夜まで起きてテレビを見て、日付が変わったら初詣に行く人が多い。こうして年越しの夜を眠らずに過ごすのは、年明けとともにやってくる年神様を迎えるためだ。

中国の農村部では12月23日になると、かまどに線香を立てたり、供え物をしたりする。これはかまどの神様が天に帰り、1年間、その家庭の行ないを天にいるエライ神様に報告するという、道教にもとづいた風習だった。

大晦日には、中国でも韓国でも人々は徹夜する。これは、年越しの夜中に眠ってしまうと、せっかく追儺の儀式で祓った疫鬼《えきき》が戻ってくると考えられているためだ。大人はもちろん、子どもも起きている。むしろ子どものほうが疫鬼につけ入られやすいと考えられているのだ。また、家内の各部屋や門前、トイレなどの灯りをつけっぱなしにする。この慣習を「守歳《しゅさい》」という。

中国の年越し料理は餃子

寿命が長く延びるようにとの願いを込めて、日本では年越しにソバを食べる。

韓国では前年の食材を翌年に持ち越さないため、残り物のナムルなどの食材でつくった年越しビビンバを食べる。

広大な中国では、地域によって年越しの料理はさまざまだが、「餃子を食べないと年が越せない」といわれるほど餃子がよく食される。これは餃子（ジャオツー）の発音が、旧年が新年と入れかわるという意味の交子（ジャオツー）に似ているからとされる。魚料理も年越しの定番メニューだ。こちらは魚（ユ）の音が余（ユ）に通じ、新年に向けて有り〝余〟る福を得られるように、との意味があるという。

覚えておこう! 年越しの3つのポイント

①韓国では、借金はなるべく年内に返済する。

②大晦日の中韓の家庭は、電気を消さない。

③韓国の年越しビビンバの食材は、あまり物。

暦 新年の到来を祝う正月

準備を経て、新年は年神様や先祖の霊を迎える。

各国で意図が違う門前の飾り

1月1日、北京やソウルの人も宗教施設に初詣に行くのだろうか？……答えはNOだ。

中国でも韓国でも1月1日は祝日だが、日本が1月1日（元日）に行なう新年の祝いは行なわない。中国では「春節」、韓国では「旧正月《ソルナル》」という旧暦の1月1日に、新年の祝いを行なう。初詣は日本だけの習慣なのだ。しかも、初詣は交通機関が発達した明治以降に広まったもので、もともと新年は各家庭で年神様を迎えるのが日本の伝統だった。

中国と韓国の旧正月の飾り

中国

韓国

中国は門前を飾り付けて魔よけとし、韓国は先祖にお供え物をする。

年神様とは、祖先の霊が姿を変えたものだと考えられている。日本で正月に飾る門松は年神様を招くための目印であり、年神様が宿る場所なのだ。

中国と韓国でも、新年には各家庭で祖先の霊を祀る儀式を行なう。とくに韓国では、親類への年始参りの延長のように墓参りに行く。

また中国では、めでたい字句を記した「春聯《しゅんれん》」や、武人を描いた「門神《もんしん》」を、韓国では虎の絵などを描いた「歳画」を扉に貼る。これらは、年神様を迎えるために飾る日本の門松とは逆で、悪い鬼神を退けるための魔よけとして貼られている。

海外ニュースで派手に爆竹を鳴らす中国の様子が流れるが、これも爆音で邪気を祓うためだ。もっとも、人の多い街中で大量の花火を点火するのは危険なので、都市部では録音した爆発音を鳴らしていることも多いという。

正月に食べる餅がめでたい理由

新年に食べるものといえば、日本、中国、韓国ともに餅だ。日本で「もち」は「望月《もちづき》（満月）」に発音が通じ、丸い餅は円満の象徴とされている。ことに鏡餅は、三種の神器のひとつである八咫鏡《やたのかがみ》をイメージしたものだといわれる。

日本で鏡餅を神様にお供えしてから食べるように、韓国では新年にはトックという、餅の入ったお雑煮のようなものを先祖の霊にお供えしてから食べる。

現在では廃れつつあるが、正月の祭りや遊びも、日中韓で共通のものが少なくない。中国では獅子舞が行なわれ、凧あげは韓国においても新年の伝統の遊びだ。

日中韓ともにあるお年玉文化

かつて日本では、お年玉としてお金ではなく丸餅を配っていた。丸餅は「年魂《としだま》」と呼ばれ、前年の収穫物からつくった餅には、年の魂が宿ると考えられていたためだ。

お年玉の慣習は中国と韓国にもある。中国のお年玉は「圧歳銭《ヤースイチエン》」といい、神仙にお金を渡すことで新年の災いを祓ってもらおうとする。圧歳銭は魔よけの赤い袋に入れるため「紅包《ホンパオ》」ともいわれる。韓国のお年玉は「セベトン」といい、袋には入れずに、そのまま子どもにお金を渡す。

覚えておこう!
正月の3つのポイント

①中韓では旧暦の1月1日を祝う。
②新年の門前の飾りは日中韓で異なる。
③日中韓とも、年明けにお年玉は当たり前。

催 季節ごとの行事①

中国由来の節句に日本独自のアレンジが加わる。

春の節句に人形は関係なかった

お祭りが好きだった江戸時代の日本人は、とくに年5回の「五節句」を楽しんだ。1月7日の「人日《じんじつ》の節句」、3月3日の「上巳《じょうし》の節句」、5月5日の「端午の節句」、7月7日の「七夕《たなばた》の節句」、9月9日の「重陽《ちょうよう》の節句」だ。これらのルーツは道教なのだが、日本式にアレンジされている部分もある。

人日の節句は、日本では邪気を祓うといわれる「セリ、ナズナ、ゴギョウ、ハコベラ、ホトケノザ、スズナ、スズシロ」の七草を使った粥を食べる。

もともと中国では、七草のお吸い物が食べられ、朝鮮半島では、人日の節句に宮

中国と韓国の端午の節句

中国

チームで舟をこいで川を下って競争する。

韓国

菖蒲をゆでたお湯で洗髪し、魔よけとした。

中国ではボートレースが、韓国ではさまざまな催し物が開かれる。

中儀礼や科挙が行なわれていた。現在は人日の儀礼の多くは廃れている。

上巳の節句といえば、日本では雛《ひな》祭りだ。桃の節句とも呼ばれるこの日は、中国では水に入って禊《みそぎ》をし、桃のお酒を飲んでいた。韓国では、桜の花などを入れた花煎《ファジョン》というお菓子をつくって先祖にお供えする。

人形を飾るのは日本独特の慣習だ。もとは「流し雛」と呼ばれ、人の身代わりとして厄を移した人形を川に流していた。しかし、江戸時代から人形を流さず飾るようになったのだ。

河にまつわる端午の節句

端午の節句には、菖蒲《しょうぶ》酒を飲み、ちまきを食べる――これは日本、中国、韓国共通の行事だ。古代中国では5月ごろに薬草を集める風習があり、菖蒲はその代表格だった。

ちまきや柏餅を食べるのは、自国の行く末を憂い、揚子江《ようすこう》に身投げした中国古代の詩人である屈原《くつげん》の遺体を魚が食べないよう、人々が川に舟を浮かべ、ちまきを川に投げ入れたというエピソードにちなんでいる。

さらに揚子江をはじめとした大河は、古来、龍のイメージに重ねられてきた。このためか、端午の節句には中国各地で「龍船《ロンチュアン》（ドラゴンボート）」と呼ばれる木造船のレース大会が川で開催される。また韓国では相撲大会が開かれる。鯉のぼりを飾るのは日本独自の習慣ではあるが、これは「黄河の龍門をさかのぼった鯉は龍になる」という中国の伝承に由来する。

あえて冷たい料理を食べる

春に行なう日本の行事に、２月３日の節分の追儺《ついな》（鬼やらい）があるが、これは五節句には当てはまらない。

反対に、日本にはない伝統行事が中国と韓国にはある。冬至から数えて１０５日、つまり４月はじめごろの時期に行なわれる「寒食節《ハンシュジェ》」だ。

古来、寒食節には、文字どおり冷たい物を食べていた。この行事の由来は古い。春秋戦国時代、ある国王が山中に隠遁《いんとん》した元部下を呼び戻そうと山に火を放つ。ところが、元部下は焼死する。人々はこの元部下をいたみ、毎年この時期の３日間は火を使わない習慣が生まれたという。

なお、韓国では寒食節を「寒食《ハンシュ》」といい、墓参りをする。

覚えておこう!　季節の行事の３つのポイント

①中韓では、桃の節句に雛人形は飾らない。
②日中韓とも、端午の節句は祝日となっている。
③寒食節に中韓は冷たい料理を食べていた。

催 季節ごとの行事②

古来、東アジアの人は天を見て季節を祝った。

短冊に緑や紫は使われない

五節句のひとつである七夕は、道教の説話で有名な牛郎《ニューラン》（彦星）と織女《チンニュー》（織姫）の悲恋の物語に由来する。この説話とともに、当時中国で行なわれていた裁縫や書道の上達の願いを短冊に書いてつるす「乞巧奠《きこうでん》」という儀式が、奈良時代の日本に伝わった。日本で「たなばた」と呼ばれるのは、『古事記』に登場する棚機津女《たなばたつめ》が織女のイメージと重ねられたためといわれる。

ちなみに、七夕の短冊には本来、緑色や紫色はない。「五色の短冊」といえば「陰陽五行思想」に出てくる青、赤、黄、白、黒と決まっていたからだ。

中国の「中秋節」と韓国の「秋夕」

中国　　韓国

中国は家族で月見をするが、韓国は墓参りをする。

機織りをしていた織姫は衣類にまつわる人物だったためか、現代でも中国と韓国では、7月7日に衣服を虫干しをするのが通例となっている。

収穫を祝う中秋

七夕の節句と重陽の節句の間にある大きなイベントに、旧暦8月15日の「中秋」がある。

中秋に餅を供えて月見をする習慣は、日本には奈良時代から平安時代のころ、中国の唐《とう》王朝から伝わった。韓国では、日中の中秋にあたる秋夕にお墓参りをする。

東アジアの気候では、この時期が米などの収穫シーズンにあたり、とれたての新米で餅をつくったり、五穀を月に供えしたりしていた。古代の人々は月の動きをもとに農業のための暦をつくり、月が満ち欠けをくり返す姿に生命の再生を見いだしていたのだ。そして収穫を月に感謝するようになったのだろう。

中秋のころは、日本には台風が来るが、中国の内陸部は熱くも寒くもない快適な気候で、雲が少なく満月がよく見える。そのため、外で月見をするようになった。現代の中国では、中秋に目上の人に「月餅《ユエビン》」という菓子を贈る習わしがある。

9月9日はお年寄りの日

重陽の節句は、陽数（奇数）ではいちばん大きな数字（9と9）が重なり合うことから、中国ではとくに縁起のよい日とされている。

端午の節句が子どもの日なのに対し、9月の重陽の節句は、いわばお年寄りの日だ。10進法では9は最大の数字となる。中国では、そこから最年長者をイメージして、重陽を「老人節《ラオレンシェン》」と呼ぶこともあるという。

また重陽は「菊の節句」とも呼ばれ、中国では長寿の効用があるとされる菊の花を飾ったり、菊の花を加えた酒を飲んだりしていた。

現在、中国と韓国では重陽に、丘や山など高い場所に登るのがお決まりだ。中国の後漢《ごかん》王朝時代、ある若者が師である道士から、「9月9日にお前の故郷を災いが襲うが、茱萸《シュユ》を詰めた袋を持って山に登り、菊花酒を飲めば助かる」と教わる。この助言にしたがい、若者が難を逃《のが》れたことから、重陽に山を登るようになったという。

覚えておこう!　季節の行事の3つのポイント

①七夕の由来は中国だが、読みは日本独自。
②日中が月見をするころ、韓国では墓参りをする。
③重陽は、中国の敬老シーズンにあたる。

休 さまざまな祝祭日

伝統行事とは異なる歴史にちなんだ祝日もある。

ゴールデンウィークが2回ある中国

「ゴールデンウィークの前までに、どこへ行くか決めておかないと……」と日本人は年に1度考えるが、中国のゴールデンウィーク（黄金週）は、5月と10月の第1週の年2回ある。

5月1日は、中国はじめとする社会主義国では伝統の「国際労働節《グオジーラオドンジエ》」、つまりメーデーだ。そして10月1日は「国慶節《グオチンジエ》」、中華人民共和国の建国記念日だ。かつては5月と10月の各1日だけが祝日だったが、現在では1週間の大型連休となっている。

いっぽうの韓国の大型連休は、秋夕と年末年始だけだ。

中国と韓国の祝祭日

日付	中国の祝祭日
1月1日	新年
旧暦1月1日	春節…………… 新暦1月22日ごろ〜2月19日ごろ
3月8日	婦女節………… 女性のみ半休
4月5日ごろ	清明節………… 墓参りや野山に登る
5月1日	国際労働節…… メーデー
5月4日	青年節………… 14歳以上の青少年のみ休日
旧暦5月5日	端午節………… 新暦5月27日ごろ〜6月25日ごろ
6月1日	国際児童節…… 14歳未満の青少年のみ休日
7月1日	香港特別行政区記念日… 英国から香港が返還された日。香港全域のみ休日
8月1日	建軍節………… 軍人のみ半休
9月10日	教師節………… 教師に感謝の意を表わす
旧暦8月15日	中秋節………… 新暦9月中旬〜下旬
10月1日	国慶節………… 建国記念日

日付	韓国の祝祭日
1月1日	新正月
旧暦1月1日	旧正月………… 新暦1月22日ごろ〜2月19日ごろ
3月1日	三一節………… 独立運動記念日
旧暦4月8日	釈迦誕生日…… 新暦5月中旬〜下旬
5月1日	労働者の日
5月5日	子どもの日
6月6日	顕忠日………… 戦没者慰霊日
8月15日	光復節………… 独立記念日
旧暦8月15日	秋夕…………… 新暦9月中旬〜下旬
10月3日	開天節………… 建国記念日
10月9日	ハングルの日… ハングルの誕生を祝う
12月25日	聖誕節………… クリスマス

日本と違い、中韓には旧暦にもとづいた祝祭日が残っている。

中国と韓国では、中秋のような伝統的な季節の習慣にもとづく祝日がいくつもあるものの、近代に入って以降に成立した祝日には、政治的な意味合いを持った記念日が多い。

たとえば、中国で3月8日は「婦女節」、つまり国際婦人デーで、女性のみ半休になり、あちこちの職場で成績優秀な女性社員が表彰されたりする。5月4日は「青年節」で、中華民国時代の1919年に学生たちが反帝国主義を唱えて起こした「五・四運動」を記念している。8月1日の「建軍節」は人民解放軍の前身となった中国工農紅軍の創立記念日で、軍人のみ半休となる。

韓国で3月1日は、日本統治時代の1919年に起こった「三・一独立運動」の記念日だ。

また、韓国は社会主義国ではないが、5月1日は「労働者の日」として祝われる。日本人にとって終戦記念日である8月15日は、日本の統治が終わった「光復節（独立記念日）」だ。

特定の人物に関する祝日がある日韓

日本には天皇家に由来する祝祭日が多い。

2月11日の建国記念の日は、神武《じんむ》天皇の即位の日にあたる。11月3日の文化の日は、明治天皇の誕生日だった。また、今上天皇の誕生日の12月23日も祝日となっている。

戦前の日本は、中国と同じく祝日を「○○節」と呼んでいて、建国記念の日は「紀元節」と呼ばれていた。

人物に関係する祝日は韓国にもある。韓国では、ブッダの誕生日である旧暦4月8日と、キリストの誕生日である12月25日のクリスマスがどちらも祝日だ。

中国に人物関連の祝祭日はない。アメリカでもワシントン、インドでもガンジーの誕生日が祝日なのに意外だ。

覚えておこう!　祝祭日の3つのポイント

① 5月と10月の2回、長い連休がある中国。

② 中韓には戦争に関連した祝日がある。

③ 韓国では、ブッダとキリストの誕生日は休み。

贈 お中元とお歳暮

国ごとに贈り物に関するタブーは異なる。

贈り物に白く、きれいな包装紙はNG

「お中元って中国にもあるんですか?」などとたずねたら、きっと恥をかくだろう。もともと、中元は道教の習慣だ。旧暦の1月15日を上元、7月15日を中元、10月15日を下元として、神様にお供え物を捧げていた習慣がもとになっている。中秋か歳末の時期に物を贈るのは日本ばかりでなく、中国と韓国でも同じだ。

それでは、中国と韓国での季節の贈り物の定番は何がよいかというと、日本と同様、商品券か食べ物の詰め合わせが無難だ。ただし、注意する点がいくつかある。

中国では贈り物の包装はハデな赤色が定番。白色は死を連想させるのでNGだ。

中韓でNGとされる贈り物

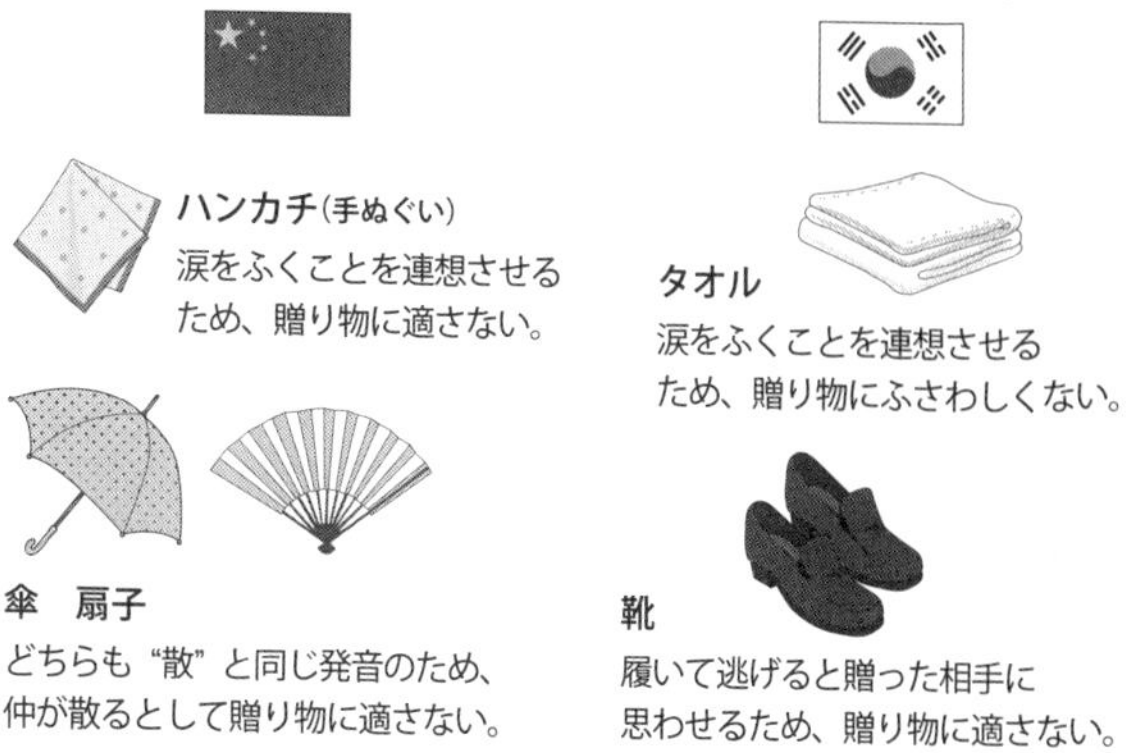
ハンカチ(手ぬぐい)
涙をふくことを連想させるため、贈り物に適さない。
タオル
涙をふくことを連想させるため、贈り物にふさわしくない。
傘　扇子
どちらも“散”と同じ発音のため、仲が散るとして贈り物に適さない。
靴
履いて逃げると贈った相手に思わせるため、贈り物に適さない。

不幸なことを連想させる贈り物がタブーとされる。

中国で偶数は縁起が良いとされるため、贈り物の中身は偶数個がよい。ただし、「4」は日韓と同じで、死を連想させるので避けるべきだ。

韓国のプレゼントに間違っても「寸志」と書いてはいけない。たとえハングルであってもだ。韓国で寸志は「賄《わい》賂《ろ》」の隠語だからだ。

また、日本製品を贈ったほうが喜ばれる場合もあれば、そうではない場合もある。なぜならば韓国では、「自国産こそいちばん！」という意識があるからだ。

日本にない「先生の日」の裏側

「贈答」という言葉には文字どおり、贈り物と返礼の意味がある。日本では贈り物そのものより、かならず返礼をすることが重視されるといってよい。中国と韓国でも、公式な贈答は少ないが、かならず返礼をするのが礼儀だ。

ただし、儒教文化の影響が強い韓国では、相互的な贈答ではなく、目下の人間が目上の人間に一方的に物を贈る、という場合がわりと多い。

韓国では父の日と母の日を「両親の日」としてワンセットで5月8日に祝う。この日は高級百貨店などにとって重要な、かき入れ時となっている。

日本人にとって聞き慣れない祝日が中国と韓国にはある。9月10日の「教師節」(中国)と、5月15日の「先生の日」(韓国)だ。どちらの日も教師に高価な贈り物をする。近年は生徒とその親から教師へのごますり合戦と化す面もあるようで、問題視声も少なくない。

パートナーとのイベントが目白押し

男女に関するイベントも欠かせない。2月14日のバレンタインデーを中国では「情人節《チンレンジエ》」といい、男性が女性に花束などを贈る。韓国では毎月14日に男女のイベントがある。たとえば、恋人に年間を通じて使う手帳を贈る「ダイアリーデー」、恋人と写真を撮る「フォトデー」、恋人とワインを飲む「ワインデー」などだ。

2008年からは、5月21日を「夫婦の日」とし、結婚相手にバラの花を贈る。韓国では近年、離婚率が上昇。夫婦仲を大事にしようということで生まれたイベントだ。

ちなみに日本では、2月2日が「夫婦の日」、11月22日が「いい夫婦の日」となっている。

覚えておこう! 中元と歳暮の3つのポイント

① 韓国では「寸志」と書いて物を贈らない。

② 中国では日本製の贈り物は喜ばれる。

③ 2月14日にチョコを贈るのは日本だけ。

ココにも注目❸

開戦の日も祝日!?

沖縄の伝統的な年中行事は、基本的には本土と共通だが、中国と同じく4月の清明節の時期に、墓参りをする。また、旧正月やお盆を祝っていた。戦後はアメリカ軍統治下となった影響で、多くの行事が新暦に移行している。終戦を迎えた6月23日を「慰霊の日」といい、沖縄の公共施設は休みとなる。ちなみに、5月15日の「本土復帰記念日」は休みではない。

台湾の年中行事は、春節や端午節、中秋節など中国とほぼ同じ。漢民族の文化とは異なる独自の伝統行事としては、7～8月、台東《タイドン》で先住民アミ族の豊年祭が行なわれる。また、国慶節（建国記念日）の10月10日は「双十節」と呼ばれ、盛大な祝賀行事が行なわれる。中華民国を建国した孫文《そんぶん》の誕生日（11月12日）と、蔣介石《しょうかいせき》の誕生日（10月31日）も祝日だ。

北朝鮮の祝祭日は、政治色の濃い記念日がほとんど。金日成《キムイルソン》主席の誕生日（4月15日）や、金正日《ジョンイル》総書記の誕生日（2月16日）、朝鮮人民軍の創建日（4月25日）などのほか、なんと、朝鮮戦争が勃発した6月25日も祝日となっている。

パート4

子育てと教育

知って
おこう
4

受験で決まる子どもの将来

日本以上に、中国と韓国で受験戦争が過熱している。

◉出身地で異なる中国の大学合格ライン

中国では、幼稚園の次に初等小学校、初等中学校があり、3年制の高級中学校が日本と韓国の高校にあたる。ということで、日中韓とも同じ6・3・3制だ。大学受験は「全国大学統一入試」と呼ばれるが、かつては「全国普通高校招生入学考試」と呼ばれていたことから、略して「高考《ガオカオ》」ともいう。

しかし高考では、地方出身の学生と、都市部出身の学生とで合格ラインが違う。地方出身の学生のほうが、高得点が必要になるのだ。

とはいえ、年々大学数は増え続けており、10年前の倍近い2000校を突破した今、大学に行くのが当然になった。そのため、以前ほど大卒者を企業がありがたがらなくなってもいる。

◉高校の学力差を均等にしたため過熱した韓国

ゆとり教育によって日本の学生の学力が低下した間に、中国や韓国では教育熱が高まり、小学校入学前から受験戦争がスタートするようになった。

韓国では高校進学率がほぼ100%。受験の過熱を抑えようと、高校間に学力差が生じないようにしたため、名門私立や大学の附属高校がなくなり、抽選で学区内の高校に振り分けられる。しかし、地域によって学力差があり、富裕層が多く住む江南地域に名門校が集中。希望の高校に行くため、江南に引っ越す家族もいる。

そして、日本のセンター試験にあたる「大学修学能力試験（修能）」で大きな試練を迎える。韓国は学歴至上主義な上に、日本以上に堅固な学閥が職場に存在する。まずは名門大学に入学することが、約束された将来を開くカギとなっている。

養 父親と母親の立場

夫婦のパワーバランスは似たり寄ったり。

家の内外で夫婦の立場が変わる中韓

男尊女卑の風潮が強いとされる韓国と、メンツを重んじる中国は、男性優位の社会のように思われがちだ。しかし、内閣府実施の「夫は外で働き、妻は家庭を守る」という意識調査では、日本が57％賛成したのに対し、韓国は48・5％だった。社会進出する女性が増え、男女の立場への意識も変わっているのだ。

韓国では夫を外主人、妻を内主人と呼ぶ。家の外では妻が夫を立て、家では立場が逆転するという夫婦観をうまく表わした言葉だ。中国はというと、仕事が終わると夫はまっすぐ家に帰り、夕食をつくるなど、積極的に家事に参加する。

世界における日中韓の産休期間

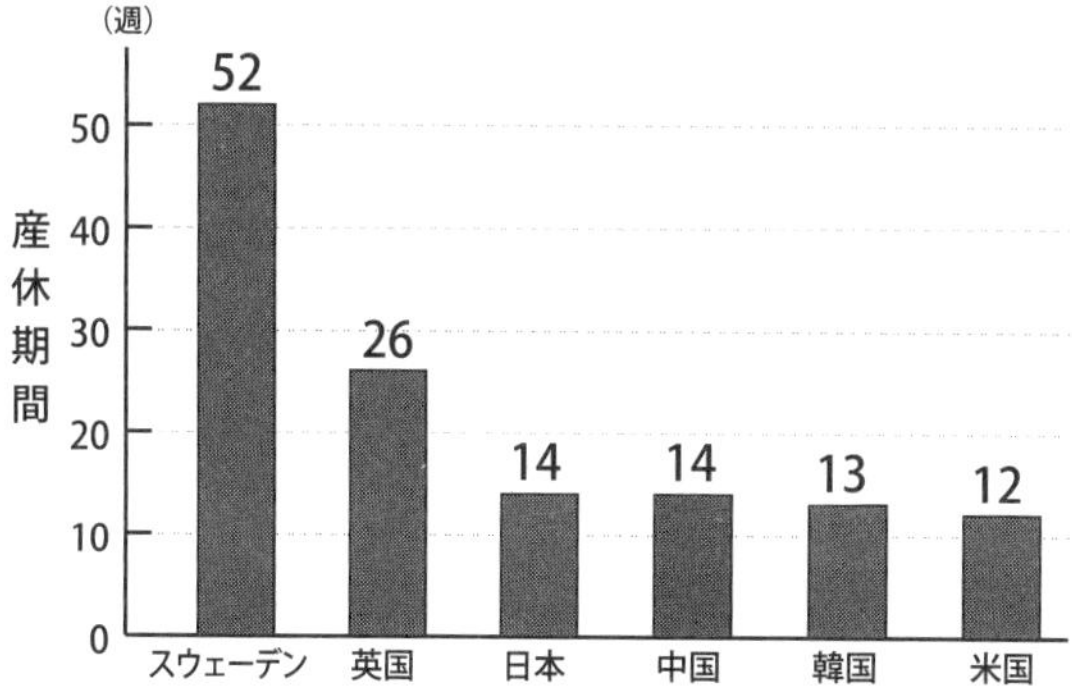

世界の先進国の中でも、とくに日中韓の産休期間は短い。

出産後は外出禁止!?

韓国では子どもが生まれると、男の子なら赤い唐辛子を、女の子なら墨をワラに包んで玄関にかける。

これは子どもが誕生したことを知らせると同時に、免疫力の低い赤ちゃんのために21日間は訪問を控えてほしいという目印だ。

そして、生まれて１００日目に親戚へのお披露目を行なう。

近年は出産後に産後ケアセンターを利用し、ホテルのようなサービスを受ける人が増加してきた。ただし、出産費用は日本の倍近くかかる。

いっぽう中国では、出産後に「座月子《ツォーユェーツ》」という産後ケアを行なう。母親の体を冷やさないため、産後1カ月間は冷たいものを口にするのが禁止され、ゆで玉子とスープ中心の食生活になる。そしてなんと、入浴や外出が許可されない。

家事をしなくていいのは楽だろうが、1カ月も風呂に入れず、家にこもっているだけというのはかなりつらい……。ただし、医学的根拠がないとして、最近では入浴や外出は認められるようになってきている。

家族全員で子どもを育てる中国

もちろん、育児についても違いがある。日本の男性の育児休業取得率が2012年に過去最高となったが、それでもまだ2・63％。韓国も日本よりは高いものの2・8％だ。日韓のパパの育児参加率は、まだまだ低い。

中国では共働きが普通で、夫婦の両親（祖父母）といっしょに暮らすのが一般的だ。そのため、夫婦が働いている日中は祖父や祖母など、家族が総出で育児をこなす。「子どもは家族で育てる」という意識が強いからこそ、夫とその両親も率先して参加するのだ。また、裕福な家庭ではベビーシッターを雇うケースが増加している。

このように家族のバックアップやベビーシッターという心強いヘルプがあるからか、中国の女性はあまり出産、育児休暇を取らない。中には産後わずか60日程度で、職場復帰してしまうこともあるとか。この状況を憂慮した中国政府は、産休をこれまでの90日から98日に延長したほどだ。

女性の働きたいという意志は、日本と韓国にくらべて中国はいちばん強いようだ。

覚えておこう!　子育ての3つのポイント

①韓国の家庭は、かかあ天下が多い。

②産後のケアばっちりの韓国、苦しい中国。

③中国人女性の職場復帰は、日韓より早い。

養 少子化による影響

教育のためなら、留学も引っ越しもいとわない。

将来を占う韓国のトルジャビ

韓国では、子どもが1歳の誕生日を迎えると盛大なパーティーを開き、「トルジャビ」という儀式を行なう。子どもの前に金銭、米、鉛筆、糸などを並べて、何を手に取るかで将来を占うのだ。たとえば、お金を取れば金持ちになる、米なら食べるのに困らない、鉛筆なら勉強ができる、糸なら長生きできるという意味になる。

最近は人気職業に就いてもらおうと、マウス（コンピュータープログラマー）、マイク（歌手）、聴診器（医者）、ボール（プロスポーツ選手）、木槌《きづち》（裁判官）などを置くというように、韓国の人気の職業が選択肢に含まれるようになっている。

世界における日中韓の出生率

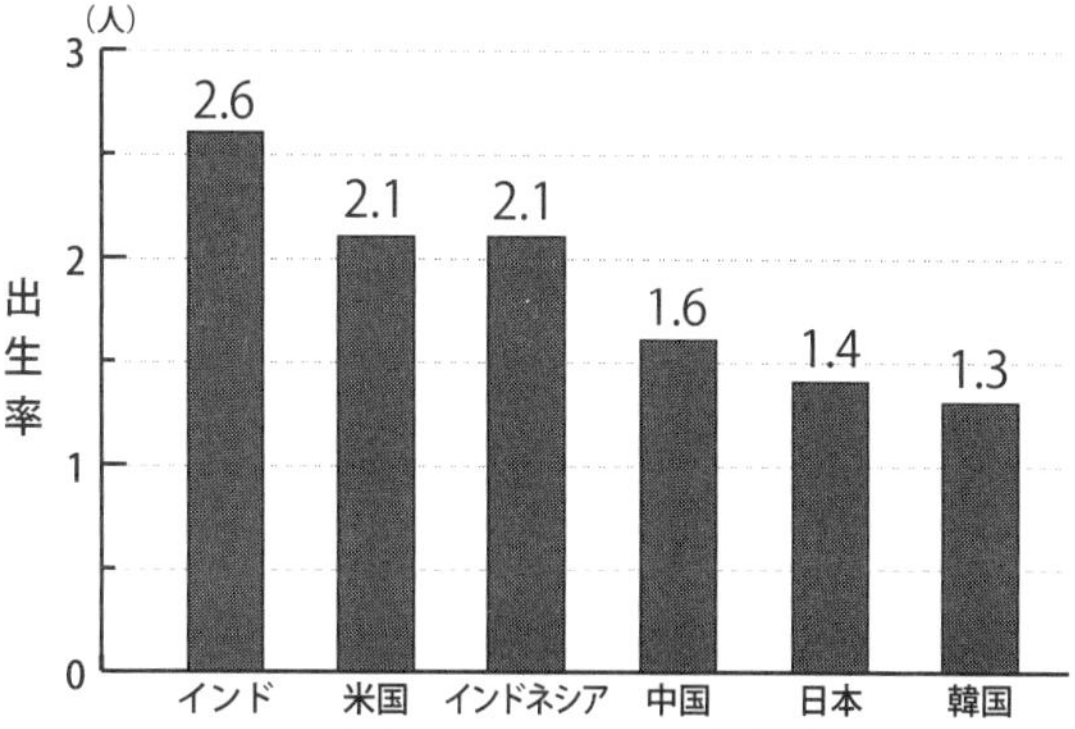

「World Health Statistics 2012（世界保健統計 2012）」より作成

世界一の人口を抱える中国も、日韓と出生率にあまり差がない。

大きくなってから「あのときは○○を取ったんだよ」と言われる、ほほえましいイベントのはずが、将来、就いてほしい職業に関係するものを置くあたりに、親の本気が見え隠れする。

仕送りする韓国の父親

一人の女性が生涯に出産する子どもの平均人数を数値化した「合計特殊出生率」は、２０１２年発表のデータによると、中国１・６人、日本１・４人、韓国１・３人と、先進国・新興国の中でも低い。そして少子化が進んでいるだけに、子どもにかかる期待は大きくなっている。少子化の原因はいろいろあるが、教育費が高いというのも理由のひとつだ。子ども一人を育てるだけでも、かなりの費用がかかる。

英語教育に力を入れている韓国では、幼いうちから英語を学ばせようと海外留学をさせる家庭が増加。身のまわりの世話をするために母親もいっしょに同行し、父親は仕事があるので国内に残る。そうして献身的に、海外にいる妻子のために仕送りを続けるという。

また、富裕層が多く住む江南地域の学力レベルは高く、子どもの大学入学まで江南に引っ越す家庭もある。何にせよ、多額の学費は父親の肩にかかっている。

英語の勉強は幼稚園から

中国は人口抑制のために、長年「一人っ子政策」をとってきた。そのため、意図的に少子化を進めてきたといえる。それだけに、子どもに対する期待は日本以上。両親と両祖父母から過保護なまでの愛情を受け、わがままに育った男の子と女の子を、皮肉をこめてそれぞれ、「小皇帝《シャオホァンホウ》」と「小皇后《シャオホァンディ》」と呼ぶ。一人っ子政策は緩和されることが決まっているが、今後、出生率が増加するかどうかは不透明な状況だ。

北京の富裕層が通う幼稚園では毎日英語の授業があり、小学校に入学するまでに2ケタの足し算をマスターしているという。

共働きが多いためか、夕方5時まで預かってもらい、しつけも教えこむ。日本では保育園でないと無理だが、中国の幼稚園では希望すれば夕方以降でも預かってもらえる。しかもただ預かるのではなく、勉強までさせるのだ。

覚えておこう!　教育の3つのポイント

① 韓国の親は、1歳の子どもの職業占いをする。
② 韓国の富裕層の父親は、養育費を担当。
③ 中国の子どもは、幼稚園から勉強漬け。

学

学力の実態

中韓の子どもは学生時代の多くを勉強に費やす。

日本の小学生の学力低下に歯止め

中国と韓国は教育熱が高く、日本でゆとり教育が行なわれていたころ、正反対のつめ込み教育で学力を上げてきた。経済協力開発機構（OECD）実施の学習到達度調査（PISA）、国際教育到達度評価学会（IEA）実施の国際数学・理科教育調査（TIMSS）でも、日本は中国と韓国に遅れをとっている。

日本も参加国の中では上位クラスなのだが、2011年のTIMSSでは、中学2年生の数学学業到達度で韓国が1位を達成。2012年の国際数学オリンピックでも韓国が総合優勝している。

「PISA」3部門の日中韓の学力比較

読＝読解力　数＝数学的リテラシー　科＝科学的リテラシー

	2000年	2009年
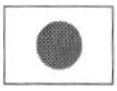	読8位 数1位 科2位	読8位 数9位 科5位
（上海）	不参加	読1位 数1位 科1位
（香港）	不参加	読4位 数3位 科3位
	読6位 数2位 科1位	読2位 数4位 科6位

日本の成績が落ちたのに代わり、中国がトップを独占している。

じつは、中国も学力面では優勝の常連である。２００９年のＰＩＳＡでは、数学的リテラシー、読解力、科学的リテラシーのすべての部門において上海がトップに立っている。

そのいっぽうで、中国は地域格差が大きく、地方では経済的な事情などで小学校に通うことのできない子どももいる。

日本では、ゆとり教育が学力低下を招いたとして見直され、順位は変わらないもののＰＩＳＡの点数は徐々に上がっている。

日本人の英語力はアジア最低クラス

中国も韓国も理数系に強い国だが、もっとも力を入れているのは英語だ。幼稚園から英語教育がはじまっていることはすでに紹介したが、韓国では１９９７年から小学校で英語が必修となっている。中国でも小学校１年生から英語は週３回の必修科目。週１回は英会話の授業があり、文法だけでなく実践的な英語を学んでいる。

英語の能力テストＴＯＥＦＬの国別平均スコアでは、香港と韓国が９位で並び、中国全体では16位。日本はアジアの参加30カ国中27位と低い。

韓国では、ＴＯＥＩＣの成績が就職に直結するといわれ、一流企業のサムスンに入るには９００点以上が条件とされていたが、今はそれ以上の点数とされる。いかにサムスンがグローバルな舞台で戦える人材を必要としているかがわかる。

大学入試にもＮＥＡＴという新しい英語力評価制度が導入され、小学生から英語に慣れておかないと授業についていけず、大学に進学することができなくなる。

黒板とノートが消えた韓国の学校

そんな韓国では、２０１４年から小学校でデジタル教科書が導入される予定だ。

韓国では、教師がパソコンを操作して授業をするため、電子黒板が標準装備となっている。児童全員がノート端末を持つ小学校もあり、低学年から使いこなしている。宿題もパワーポイントで作成し、教師とメールでやりとりするのが日常化しつつあるのだ。さすがはＩＴ先進国といったところだろう。

じつは日本でも、電子黒板が試験的に導入されている学校があるが、必要予算をはじめ、さまざまな問題があり、普及するまでには至っていない。

覚えておこう！ 学業の３つのポイント

①国際的学力テストで、日本は中韓に負けている。

②中韓は理数系の子どもの教育が充実している。

③日本人の英語力は中韓におよばない。

学 学業以外の学校生活

中韓の生徒は、日本の部活にあこがれている。

青白に分かれる韓国と赤一色の中国

中国も韓国も、国民の勉強に対する熱意は高いが、受験に関係ない体育は軽視されがちだ。体育の授業はあるものの、体操や行進、民族舞踊などを学ぶだけだ。プールがなく水泳の授業がないため泳げない人も多い。体育館すらない学校もある。テレビで放送されるK－POPアイドルの運動会などでも、前方宙返りをするアイドルが、走り高跳びで背面跳びができないという不思議な光景が見られる。

ちなみに、紅白で分かれることの多い日本の小学校の運動会だが、韓国の小学校（国民学校）では、青組と白組に分かれる。韓国人にとって赤色は、共産主義や北朝

中国と韓国の学校の年中行事

中国	月	韓国
冬休み	1月	冬休み
〜	2月	卒業式　〜
	3月	入学式（新年度）
	4月	
	5月	運動会／文化祭
	6月	
夏休み	7月	
卒業式　〜	8月	夏休み
入学式（新年度）	9月	
運動会／文化祭	10月	
	11月	
	12月	冬休み

中国は９月に学校がはじまり、韓国は日本より入学が１カ月早い。

鮮をイメージさせるため、印象が良くないのだ。その共産党が政治を動かす中国では、紅白などの区別なく全員が赤いスカーフを巻く。

全員が競技に参加する日本と違って中国では個人戦主体。選手に選ばれない生徒は、民族舞踊などに出場する以外は応援に徹している。

部活でエリートを養成

日本と中韓の違いはまだある。部活動への取り組み方だ。日本では部活も教育の一環と位置づけられている。たとえ強豪校でなくても、スポーツを通じて仲間との絆《きずな》を深め、勉強と両立するのが理想とされる。

中国や韓国では、部活動がプロになるステップのひとつとされる。幼少から才能を見いだされた子どもは、中学生くらいになるとスポーツ専門の学校に集められる。そんなスポーツ専門の学校の練習は、日本の強豪校以上に過酷だ。勉強時間をけずり朝から晩までトレーニングを積み、試合に負けてレギュラーからもれた選手は容赦なく切り捨てられるという。部活動というよりプロの養成機関だ。

「絶対にプロになる!」という強い意志を持ち、良い成績をあげられなければ、早くに見切りをつけてリタイアし、受験に備える子どもも多い。

こうして競争に勝ち残った子どもたちが、将来オリンピックなど国際大会で活躍する選手へと成長していく。つまり、中国や韓国で活躍する選手は幼少時から徹底的に教育されたエリートばかりなのだ。

ちなみに勉学優先の普通校では部活は二の次。このため、部活動を題材にした日本のアニメやドラマなどを見て、日本の部活動にあこがれを抱く中韓の中高生も多いという。

韓国で人気の部活はボランティア

そんな中韓で人気の部活動はというと、英語クラブや数学研究会など受験に関係のある文化系だ。韓国ではトンアリというサークル活動で、ボランティアや国際交流などがさかん。ボランティア活動などをすると内申点が良くなるからという理由で参加する生徒は多い。

中国でも、生徒会長など生徒会役員になると高い評価を受けるのは日本と同じだ。しかし、小学校の生徒会長選挙で買収や賄賂が横行し、事件となることもあるらしい。

覚えておこう! 部活動の3つのポイント

① 運動会のチームの色分けが日中韓とも異なる。

② 中韓の学校は、体育に力を入れない。

③ 中韓では、体育をする時間があれば勉強！

学 居残り勉強と塾通い

中韓の生徒は、1日の大半を勉強に費やす。

週休2日制でも勉学に休みなし

韓国では、2012年から小中高が週休2日制となった。日本が週休2日制の廃止を検討しているのとは正反対だ。では、これで韓国もかつての日本と同じようにゆとり教育が進むのかというと、そんなことはない。

そもそも平日の授業時間が日本より長い韓国。高校の場合、補習授業も含めれば9時間にもなる。大学を受験する子どもは学校に残って勉強するため、夜に給食が出てくる。しかも午後10時ごろに学校を出て進学塾や予備校に行く。帰宅は午前1時を超えることも。塾に行かない子どもも、自宅で家庭教師のもと勉強をする。

日中韓の中高生の学習時間

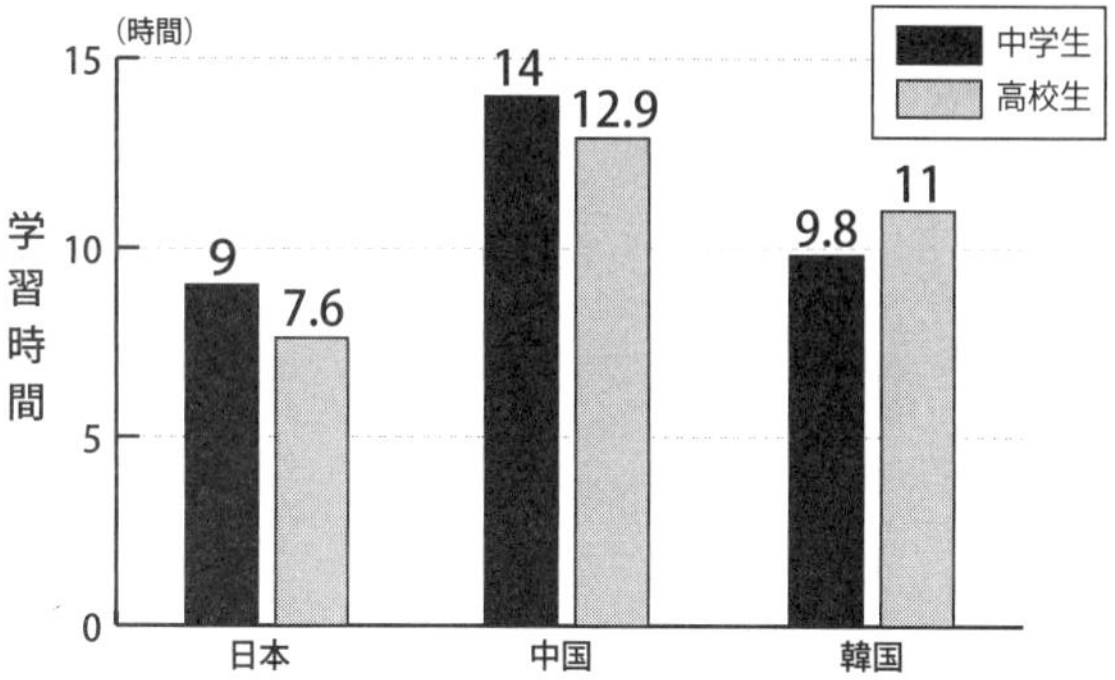

財団法人 日本青年少年研究所『中学生・高校生の生活と意識』より作成

日本の中高生にくらべ、中韓の中高生は 1.5 倍以上、学習時間が長い。

先生より塾講師を信頼

韓国では、小学校入学前から塾に通うのが当たり前だ。

韓国の統計庁によると、2012年の1カ月の私教育費（塾や習い事の費用）は、小学生で約22万ウォン、中学生で約27万ウォンにのぼる。小中学生の子どもが一人ずついれば、1カ月の出費は、家族全体の食費や交通費を上回る。

学校の授業が長いのは、こうした塾などへの出費を抑えるためにはじまったのだったが、さらに受験戦争をエスカレートさせる結果となっているのだ。

韓国では「三当四落」といって、1日3時間の睡眠で勉強にはげめば大学に合格し、1日4時間も寝たら受からないとまでいわれている。「四当五落」といわれていた日本よりきびしい。無理をした結果、学校の授業中に居眠りしてしまう生徒もいるとか。ただ、生徒側の主張は「授業がつまらない」からだという。

2009年に行なわれた高校教師と塾講師の満足度調査では、高校教師の満足度が7点満点中4・32、塾講師が4・97だった。学力差のある生徒を画一的に指導する教師より、受験に役立つ指導をする塾講師に子どもは信頼を寄せているのだ。

早朝から夜遅くまで学校で勉強

中国でも学校での居残り授業は行なわれており、学生は韓国同様に夜遅くまで勉強している。北京などの都市部には塾や予備校があるものの、なんと公式には認められていない。そのため、大学受験を目指す生徒に配慮した学校側が協力し、午後10時まで学校を開放しているのだ。

また統計によると、午前6時半までに9割の生徒は起床している。そこで、朝6時から門を開けて自習時間を設けている学校もある。朝と放課後が受験勉強の時間だが、教師もつき合い質問などを受けつけているという。

日本では学校や塾、自宅などを含めた中学生の総勉強時間は1日8時間だが、中国ではその倍近くの14時間にものぼる。塾へ行くのは休日に集中しているため、韓国よりも家計への負担は少ない。

将来の成功のために猛勉強する生徒たちからは、中国史上の官僚採用試験である科挙に受かろうと、必死に勉強した人たちと同じバイタリティーが感じられる。

覚えておこう!

受験の3つのポイント

①韓国は、週休2日のせいで塾が増えた。

②中韓の学校は、夜遅くまで開放している。

③中国には朝早く登校して自習する学生がいる。

学 受験戦争のラストスパート

日中韓とも受験時は願かけと、験かつぎに頼る。

学力向上を道教の神様に祈願

日本の受験生は、学問の神様である菅原道真《すがわらのみちざね》が祀られた太宰府天満宮《だざいふてんまんぐう》や湯島天満宮のお守りを持つのが王道だ。お守り以外にも、たくさんの験《げん》かつぎのグッズが売られている。たとえば、「合格《ごうかく》」にかけた五角《ごかく》形のえんぴつはよく知られる。ほかにも、「キットカット（きっと勝つ）」「うカール」など、受験生に人気の高いお菓子が発売される。

受験シーズンになると、中国でも風水や易（占いの一種）などによって験かつぎや合格祈願が行なわれる。街中には文昌帝君《ぶんしょうていくん》という学問を司《つかさど》る道教の神様を祀った

日中韓の験かつぎアイテム

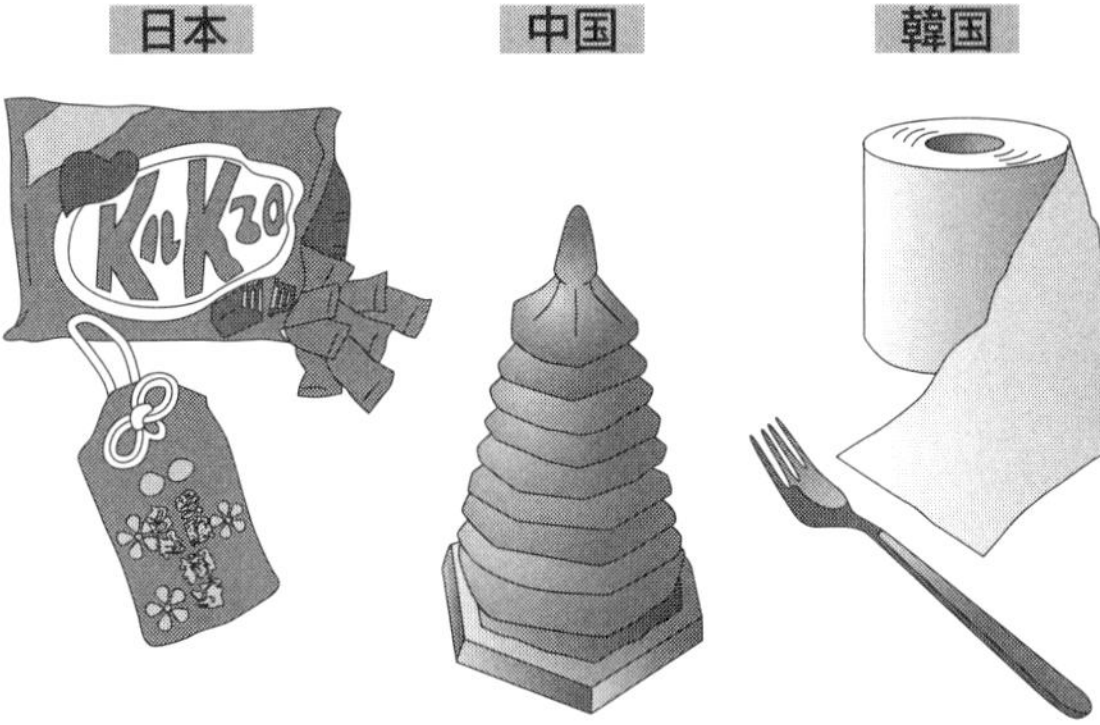

日中とくらべ、韓国は験をかつぐアイテムが充実している。

「文昌塔」が立っている。この文昌塔の立つ方角を向いて勉強したり、机に小型の文昌塔を置く。こうすると勉強がはかどるとされ、科挙のあった何百年もの前の時代から行なわれている由緒ある験かつぎだという。

とにかく験をかつぐ

韓国ではさらに、受験関連のアイテムが売られている。

そのひとつに受験生にトイレットペーパーを贈る習慣がある。トイレットペーパーが水にすぐ〝溶ける〟ように、問題がスラスラ〝解ける〟という願いが込められているのだ。また、正しい解答をうまく指せる（刺せる）ようにとフォークを贈られる習慣もあるという。

ほかにも、まだまだユニークな習慣はたくさんある。

たとえば、男性であれば、正答が「ピッタリと合う」ようにとサイズがピッタリの下着をそろえる、〝健闘〟を祈るにかけてボクシング（〝拳闘〟）のグローブを渡す。女性であれば、問題がよく〝解ける〟ようによく〝梳《と》ける〟櫛《くし》といった具合だ。

アイテムでは、志望校に貼りつくという意味で、希望する大学の校門や壁に餅や飴、ガムなどをくっつけるという。「頭の回転が良くなるように」とタイヤやサイコロのアクセサリーも登場している。

アイテムだけにとどまらず、韓国で定番のインスタントラーメンである辛ラーメンが、受験シーズンになると「信ラーメン」になるなど、街中が受験生の合格を後押しする雰囲気であふれている。

追い込まれた受験生の最後の手段

神頼みならまだしも、カンニングに頼るような受験生が出てくる。韓国では2004年に、携帯メールを使った大規模なカンニング組織が摘発された。韓国にはカンニングを手助けする業者がいるくらいである。

中国でも、カンニングは問題になっている。近年では、超小型マイク、消しゴムや定規に偽装したメール受信装置など、スパイさながらの機器でカンニングするという。

カンニングが発覚すれば不合格になるだけでなく、人生を棒に振ることになる。ただ、どの大学に入るかで将来の就職先のランクが決まってしまうため、善悪の区別がつかなくなってしまうようだ。

覚えておこう!

受験生の3つのポイント

①中国の勉強の神様は、道教の神様。

②韓国ではゴロ合わせのような験かつぎが盛ん。

③中韓では、悪質なカンニングが社会問題に。

学 大学進学と就職事情

大卒インフレと、就職難は日中韓とも同じ。

大学進学率が100％を超える!?

日本と韓国の受験シーズンは1～2月、欧米と同じ9月に新学期を迎える中国は6～7月が受験シーズンにあたる。

韓国の高校生の大学進学率は、2008年に83・8％に達したが、その後は減少傾向にあり70％台まで落ち込んでいる。

日本の大学進学率は56・8％と韓国より低い。ただし、専門学校などへの進学率22・9％を含めると、韓国と大差ない。

ところが、韓国の高等教育全体の進学率を調べてみると、なんと100％を超え

日中韓の大学進学率と就職率

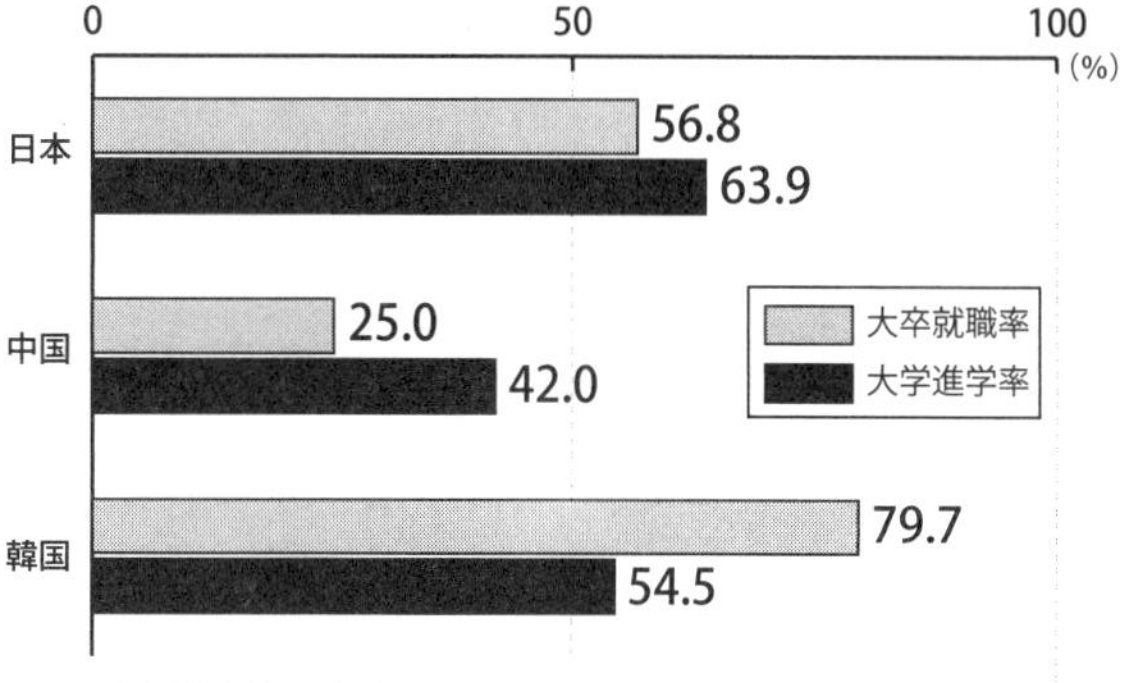

文部科学省『2012年「学校基本調査」』、麦可思研究院『2012年ＭｙＣＯＳ』より作成

日韓とくらべ、中国の大学生が進学と就職に苦労している。

てしまうという。

なぜそんなことになるかというと、「進学年齢（18歳）の人数全体に占める進学者数の割合」で計算するからだ。浪人生や社会人の入学、現役大学生が通信制の別大学の講義を受けたり、別の大学に入り直したりする場合も含まれている。

仕事を優先して大学進学を一度はあきらめたものの、社会に出て学歴社会と自らの勉強不足を痛感。休業して大学に入りなおす、という芸能人も韓国には多い。

大卒というだけでは就職できない

中国の大学進学率は25％。日本や韓国とくらべて水をあけられているが、それでも年々伸び続けている。地方と都市部での経済格差が大きく、地方では進学率が０％に近くても、北京などでは90％近くにもなるという。

また、大卒が当たり前になりつつある中国の都市部では、大卒というだけでは就職できないという。中国の大卒就職率はわずか42％で、日本の63・９％よりもだいぶ低い。これは、大卒者が増加したものの、企業からの評価が低く、大卒者への期待値が下がっているためといえる。

新卒採用者の初任給の69％が、単純労働の農民工（都市部に出稼ぎに出ている農村戸籍者）よりも低いとニュースになるくらいだ。もちろん給料アップや昇進のスピードは大卒者のほうが速いが、大学を卒業したのにこれでは、苦労して勉強をしようと思ってもモチベーションが上がらない。

88万ウォン世代と白手、白鳥

韓国も同様で、大卒就職率は54・5%。近年、進学率が下がっているのは、このように大学卒業後の魅力が減少したことによるといえる。

「88万ウォン世代」という非正規労働者の増加も、大学進学率の低下に追い打ちをかけている。大卒でも月給8万円程度では勉強の甲斐《かい》がない。無職の男性は「白手《ペクス》」、無職の女性は「白鳥《ペクチョ》」と呼ばれ就職難が社会問題として、高い関心を集めている。

高卒なら低賃金、大卒でも就職氷河期という先行きの見えない不安と戦いながら、それでも韓国の若者は勉強を続けなければならないのだ。

覚えておこう! 進学と就職の3つのポイント

①日韓の高卒からの進学率は、ほぼ同等。

②中国の大学進学率は都市部ほど高い。

③大卒の就職難で、韓国の大学進学率が低下。

ココにも注目❹

英語で国語力が低下!?

韓国の学校と同じく、沖縄の学校はプールが少ない。水泳の授業もないため、日本でも有数のカナヅチの多い県となっている。勉強に集中するためではなく、危険だから海には近づかないようにと教えられているからだ。子どもの学力テストの成績が全国最下位なのは、おおらかな気候と風土のもとで、育ったからだろう。

学歴社会なのは、台湾も同じだ。台湾では幼稚園児のころから英語を習わせようとする。早くから英語に触れさせようと、英語が堪能なメイドを高給で雇うこともあるという。ただ、英語が得意に育った反面、中国語の学力（国語力）が低下している。中国の北京語をもとにした普通話が台湾では基本となっているが、台湾の小学６年生の国語力が中国の小学３年生レベル程度だとして問題になっている。

北朝鮮では何よりも共産主義と、国のトップである金一族への忠誠心が、成績評価のポイントとなっている。学校でも共産主義理論と金日成、金正日親子の革命史といった政治科目が、理科や算数の成績より重視されるという。

パート5

ビジネスマナー

知って
おこう
5

古くて新しい企業人の思考

ビジネスの世界でも、礼儀作法は活かされている。

◉「礼」の文化圏としての東アジア

欧米人から見ると、日本、中国、韓国ともに「ビジネスパーソンは礼儀に細かい」と感じられるようだ。これは儒教文化の影響もあるだろう。

儒教の開祖である孔子は「礼」の重要性を説いた。礼儀作法は相手に真心を示す方法として、今日まで日中韓に多大な影響をおよぼしている。

儒教は社会秩序を維持する思想でもあり、さらに主君への忠義など上下関係を重視する。中国は社会主義国家であり、韓国は北朝鮮との休戦状態のため徴兵制がある。日本よりも「上に服従」を強いるのは当然だろう。

ところが、中国や韓国のビジネスパーソンは会社に従順とは限らず、日本以上に個人主義的な側面も強い。これは、歴史的背景の違いが要因でもある。

◉「組織力より個人の実力重視」の中国と韓国

島国の日本は、昔から強力な異民族の侵攻や国土の分裂もめったになく、地元の住人や主君に逆らわなければ平和に暮らせる場合が多かった。そこで、現代の企業にも、従業員の終身雇用制など「会社＝家族」のような意識が強い。

だが、中国や韓国では、陸続きで異民族が攻めてきたり、国土の分裂や戦乱が相次いでいる。このため、主君が代わったり、科挙などを通じて実力で自分を有力者に売り込むことも少なくなかった。

また、中国や韓国では、血縁を重んじるいっぽうで定住には必ずしも執着せず、アメリカに移住するなど海外進出熱は高い。漢民族は近世以来、華僑《かきょう》という移民を送り出し、韓国は世界に誇る財閥企業を育成している。

働 上司と部下の関係

会社トップの権限は、日中韓で異なる。

即断即決の裏に独裁経営あり

政界でも財界でも、かならずしもトップが強権をもたないのが、日本の特徴だ。歴史上でも、天皇と実権を握る幕府の二重の権力体制が何百年も続いてきたからかもしれない。いっぽう、中国と韓国は、トップの権限がとても強い。皇帝や国王に権力が集中した歴史的背景や儒教文化の影響もある。

日本の大企業では、新商品の開発や新プロジェクトを進めようとしても、「まず役員の皆様に根回しして、社内会議にかけ、見積もりを出して、経理から予算の承認を得ませんと……」といった具合で、動きが鈍くなりがちだ。

日中韓の企業の役職名の比較

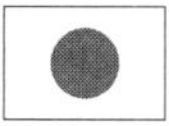		
会長	董事長《とうじちょう》	会長
社長	総経理	社長
(取締役)	総監	理事
部長	経理	室長など
課長など	主管	

日本でいう経理と、中国の経理はまったく違う。

その点、韓国の大企業のトップは、たいていが即断即決。社長が「○○をはじめるぞ！」と言えば、プロジェクトが発足する。創業者一族によるワンマン経営はめずらしくないのだ。

中国でも、国営や公営の大企業は共産党官僚の意向を受けているだけに、部下は指示に従う場合が多い。

だが、上司の指示どおりにしても採算がとれないと、現場判断で資金や人材などを別の仕事に流用。上司への報告は帳尻を合わせるだけ……、との話もあるとか。

二重の肩書きがある中国企業

中国と韓国では、国の政治方針も会社の上下関係に影響している。社会主義国の中国では、とくに石油や電気などの基幹産業が国営や公営であることが多い。すると、総経理や総監といった会社の役職とは別に、委員や書記といった共産党員としての地位があるため、社内に二重の上下関係が存在していることになる。つまり、表面的な肩書きだけでは、社内の真の有力者がだれだかわからないこともあるのだ。

日本と違って徴兵制がある韓国では、軍隊にいるとき、徹底的に「上官には服従」の精神をたたき込まれる。会社員の大部分は兵役経験者だから、会社でもこの価値観が根強い。さらにいえば、同じ部隊の出身者同士の連帯感はとくに強く、職場であっても兵役時代の元上官や先輩が、手厚く部下の面倒を見るというケースも少なくない。

忠誠心の対象は組織より個人

上下関係にきびしい中国と韓国だが、会社組織に対する忠誠心は日本より低く、給与などの待遇が不満なら、すぐ転職する人が多い。ただし、個人として親密な関係になった上司や取引相手とのつき合いは別だ。

日本では大企業の部長でも退職すれば「ただの人」となるが、中国や韓国では、個人間の信頼や人脈（言いかえればコネ）を重視する。得意先の担当者が会社を辞めて独立しても、その人と取引を続けることが多い。

そんな中国では、『三国志演義《さんごくしえんぎ》』に登場する関羽《かんう》を商売の神様・関聖帝君として信仰している。関羽の信義の篤さが、商売の世界でも理想とされているからだ。

覚えておこう！ 上司と部下の３つのポイント

① 中国と韓国ではトップの権限が日本より上。
② 上下関係にきびしい中韓は、肩書きを重視する。
③ 退職や転職後も、上司や取引先との関係重視。

働 ビジネス上の礼儀作法

同じ東アジアの国でも謙虚が美徳とは限らない。

握手を恥ずかしがってはいけない

中国古来のあいさつを、カンフー映画や歴史ドラマなどでたまに目にしたことはないだろうか。片手でつくった拳にもう片方の手のひらをあてた形だ。

現代ではそんなあいさつはせず、握手するのが日中韓とも共通。相手が目上の場合、こちらから先に手を出すのは失礼にあたる。軽くおじぎをしてから握手するというのが、韓国では一般的。親しい間柄なら男同士、女同士で手をつないで歩くのもめずらしくない。親密になると、あいさつのついでにハグする人もいる。

じつは、この傾向は中国や韓国だけに限らない。現代の日本人は体に触れること

日本人と中国人の名刺交換

中国人（左）は相手の名前ではなく、相手の役職をまず確認する。

を遠慮する人も多いが、もともとアジア人はスキンシップが好きなのだ。

また、基本的な名刺のやりとりは、日本と韓国では、前かがみになりながら両手で受け取る。中国では、会社や地方ごとにばらつきがあり、片手で受け取ることもある。

中国は男女平等!?

あいさつは年長者から——これは年齢の上下を重んじる東アジアでは、共通の認識といえる。

男女の間ではどうかというと、儒教文化の根強く残る韓国では、日本にくらべて男尊女卑の価値観が残っている面がわりとある。女性社員が男性の上司にいちいち「○○部長様」「××課長様」などと「様」づけする習慣があるほどだ。

意外にも中国では男女平等、むしろレディファーストの文化が強い。共産党政権になってから働く女性が増えたのにあわせて管理職の女性が増加している。そんな事情もあり、公式な会合では女性に先に発言してもらったり、宴会でも女性から先に箸をつけたりすることを勧めることもある。

中韓は「はい」か「いいえ」で断言する

ビジネスの場面に限らずよく指摘されるが、日本語はあいまいでハッキリしない表現が多い。日本ではやたらと「すみません」というが、文脈しだいで謝罪にも感謝にもお願いにもなるから、中国や韓国の人にとってはややこしい言葉だ。

ＹＥＳ／ＮＯに関しても、日本では「前向きに検討します」など、相手の立場を考えたふうで断言しないことが多い。ところが、中国では「可（はい）」や「否（いいえ）」など、一語で答えるのが普通だ。韓国も同様で、ハッキリ断わらないと期待させてしまう。

とくに中国ではメンツを重んじるので、人前でおとしめられることを非常に嫌う。日本なら身内を「できの悪いやつですみません」などと言うのが一種の謙虚さとして定着しているが、中国でこれは許されない。ミスをした人間を人前ではしからず、あとで１対１で話をする。

逆に、相手の顔を立てて「あなただからお願いします」「あなたならできるでしょう」といった頼み方は、大いに先方の自尊心をくすぐることになる。

覚えておこう!　ビジネスの礼儀の３つのポイント

① 名刺交換は日中韓で、それほど違いはない。
② 中国では相手の顔を立てる頼み方が有効。
③ 中韓は対外的には身内をほめる。

働 ビジネスパーソンの日常

日本と中韓では、労働形態が明確に異なる。

中国の職場に残る社会主義のクセ

中国では1978年の改革開放路線の導入まで、長らく労働がノルマ主義だった影響から、製造業では質にはこだわらず、与えられたノルマを達成することを優先する場合も多い。現在は、オフィスでは会社の電話で私的な通話をしたり、私用で社用車に乗る人が増えた。よく働くようになったといわれる中国人の勤務の質は、日本人のそれとは大きく異なるようだ。

ちなみに、OECDの統計によると、1日あたりの労働時間は、日本9・0時間、中国8・4時間、韓国8・1時間（OECDの平均は8時間ちょっと）。やはり日本人は、

日中韓の労働時間

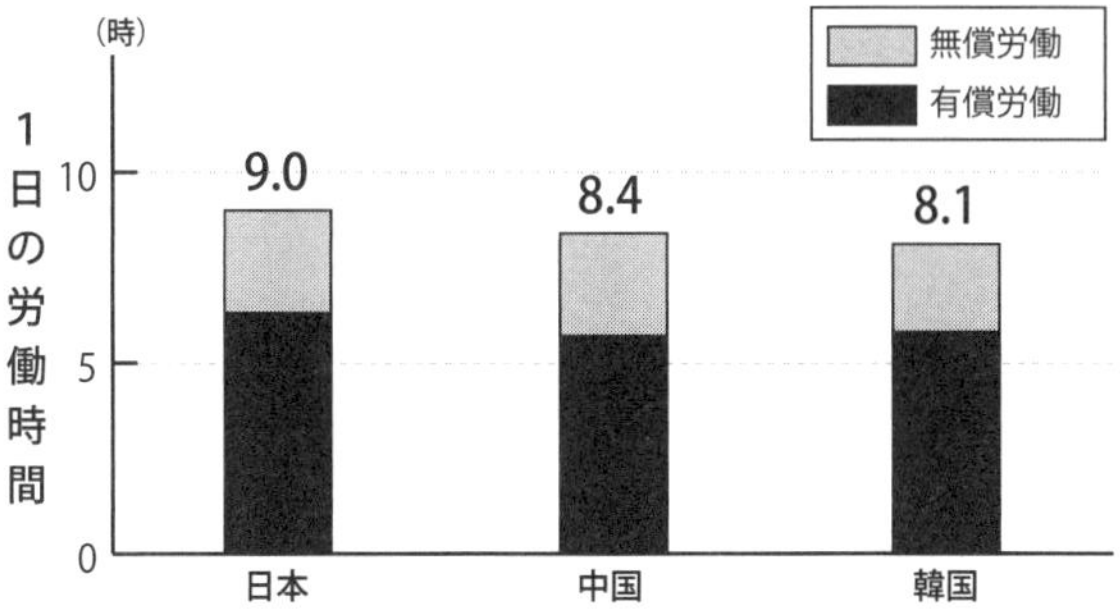

OECD調査結果『図表でみる社会2011』より作成

中国と韓国は、有償労働と無償労働（家事など）の差がほとんどない。

働きすぎだ。サービス残業で体を壊すなど、欧米人から見れば、まさに「クレイジー」である。

職場でよくある風景

かつて、日本ではアフター5に同僚と飲みに行くことが多かった。これは韓国も同じだ。中国ではこの習慣はあまりなく、飲みに行く相手は友人が一般的だ。

上下関係がとくにきびしい韓国では、もっぱら集まった平社員が飲み会で上司の悪口を言い、連帯感を深める。

日本だとセクハラ上司は間違いなく女性社員に嫌われるが、韓国の女性社員にウンザリされるのは「俺が軍隊にいたころはよぉ〜」と言う上司だという。いかにも徴兵制のある韓国らしいが、兵役があるのは男性だけ。女性社員は、上司から軍隊の価値観や兵役中の苦労話を押しつけられると閉口するようだ。

定年まで勤めるのは日本人だけ

少子高齢化の進む日本では、定年を65歳まで延長する企業が増えている。中国と韓国では業種や職種によって定年は異なるが、55〜60歳が普通だ。

ただし、中国と韓国では、出世レースに勝ち残った人や一部の専門職を除くと、定年まで勤めない社員がたくさんいる。日本にくらべて年功に応じた退職金や年金がそれほど充実していないので、長く勤めるメリットが少ないせいだ。

日本では一般的に、終身雇用が定着しているため、定年まで会社にいるという意識が強い。

この点、韓国では前職のコネを活《い》かして起業する人も多く、中国では隠居して孫と遊んで暮らすような人が少なくない。

じつは、日本以外の先進国には、企業に定年という制度はほとんどない。当の日本でも定年まで勤める終身雇用が導入されたのは戦後のことだ。

日本でも昔は、技術のある人間が働く場所を求めて各地を転々とする「渡り職人」のような働き方はめずらしくなかった。

日本人は職務に忠実だが、度を越えて会社と一体化しすぎるのも考えものかもしれない。

覚えておこう!

職場の日常の3つのポイント

①日本の労働時間は、中韓よりも長い。

②日韓は飲み会で、社員同士が親交を深める。

③終身雇用は、日本特有の雇用形態。

働 酒の席でのルール

楽しい宴会の席でも上下関係は存在する。

韓国は日中以上に目上に気を使う

時代劇に登場する殿様は、座敷のいちばん奥に座っているのがお約束だ。そして、殿様の近くに座る人ほど地位が高い。この形式は現代にも生きている。

日中韓の会社関係の酒席では、ほぼ決まって奥の中央にゲスト側のいちばんエラい人が座る。その左右には2番目、3番目にエラい人、いちばん端の入り口付近に座るのはたいていオーダーを受けるなどの、雑用をこなす下っ端だ。

飲食にもそれなりのマナーがある。席についても、上司や取引先の人間より先にいきなり飲み食いしてはいけない。これは日中韓とも同じ。

食事での席次

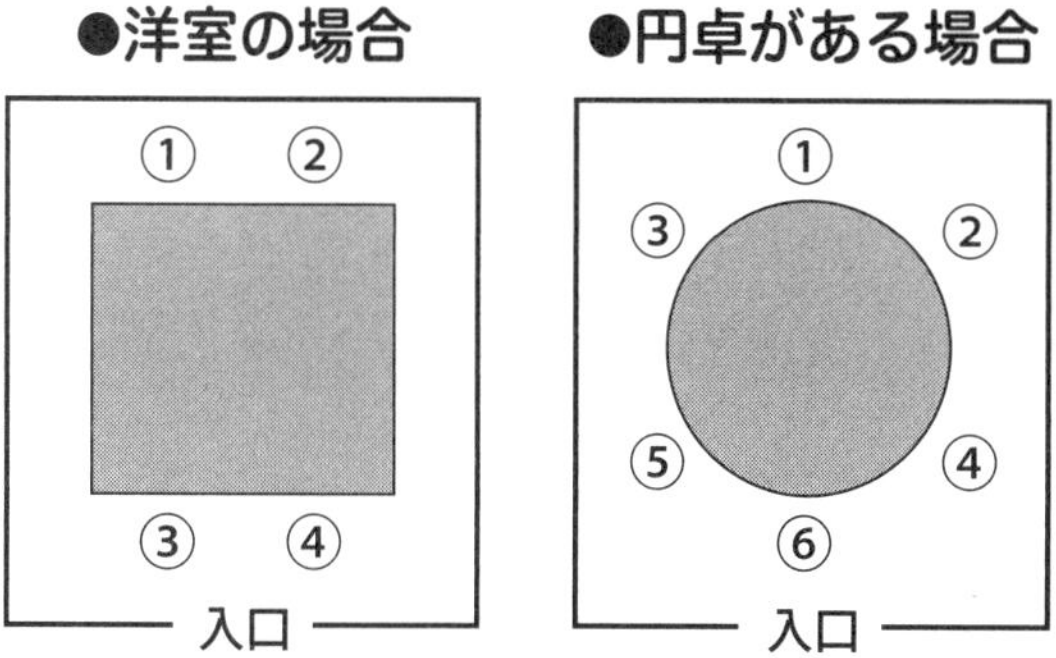

入り口からもっとも遠い場所にゲストや目上の人が座る。

日本では、相手のグラスが空にならないように気づかい、空になる前に頻繁に酒を注ぎ足す。

ところが韓国では、グラスが空になってからでないと注いではいけないため、知らずに注ぎ足すと嫌がられる。

お酒を注ぐときも受けるときも、韓国では片手で持たず、瓶やグラスに左手もそえる。さらに、年長者や上司にお酒を注いでもらったら、横を向いて飲む。「目上の人の見ている前で酒を飲む、タバコを吸うのはおそれおおい行為」という考え方があるからだ。

中国で二次会の誘いは慎重に

中国でも韓国でも、皿の上の料理を全部食べてしまうと、「おかわりを求めている」と思われてしまう。そのため、もし満腹になったなら、あえて少し食べ残すのがマナーだ。ただし、若い世代の軽い会食などでは、この習慣は廃れつつある。

乾杯になると、日本では手の届く席の人とだけ杯をぶつけることも多いが、中国では卓を囲む人数がよほど多くない限り、一人ひとりと杯をぶつける。だれかの杯は受けても別の人のは受けないと、ひいきしているように思われてしまうからだ。

また接待での宴会では、日本だと普通の料理店で1次会をして、より大人っぽいバーなどでの2次会に向かうことが少なくない。これは韓国でも同様だ。

だが中国では、1次会の会場が立派ならわざわざ会場は変えない。「次の店は?」などと言うと、「この店が不満なのか!」という意味にとられてしまうこともあるので注意が必要だ。

飲み代のワリカンはありえない

日本と同様、中国と韓国でも、親しい上司と部下だから飲み代はワリカンで――ということにはならない。

中国でも韓国でも、宴席では目上の人が後輩におごり、全員同輩ならいちばんお金のある人がまとめて支払い、後日別の機会におごられた人がおごり返す。

おごるのはメンツを重んじる中国ならではといえる。つまり、太っ腹なところを見せたい人の顔を立ててやる、と思えばよい。ただし、あまりすぐに「次は自分が払うよ」などと言うと、「そんなに借りをつくりたくないのか?」と思われることも。中国では黙って飲み会の費用を全額払うと敬意をもたれるという。

覚えておこう! 酒席での3つのポイント

①「いちばん奥の中央＝上座」は日中韓で共通。

②中韓の公の宴会では、食べ残すのが礼儀。

③日中韓とも、先輩と金持ちがおごる。

働 社内での決済と呼称

日本より中韓のほうが、上下関係にきびしい。

日本以外で進む署名の欧米化

日本は印鑑を押すハンコ文化がいまだに強いが、中国では、欧米と同じく個人の署名は自筆サインが基本だ。ただし、個人ではなく会社で使う経理印、税関印、銀行印は公安機関の管轄下の業者に届け出てつくらないといけない。

韓国でも、不動産の契約など公式な書類への署名は印鑑が必要だ。だが、ＩＴ先進国だけに、近年では電子認証の導入が進みつつある。

ちなみに、韓国では黒いボールペンなどが手元になくても、絶対に赤いペンで人の名を書いてはいけない。死者の名を書くとき、赤い文字で書くからだ。

対外的にも身内にも敬語!?

日本の会社では、自分の上司であっても、社外の人間には「○○は出張に出ています」などと、敬称や敬語を使わずに話すのがマナーとなっている。

だが、韓国では「○○室長は釜山に行かれました」というように、身内である上司に対しても敬語を使う。そうでないと、対外的に「自分の上司をないがしろにするとは、礼儀のなってないやつだな」と見られてしまうのだ。

日本では上司は「部長」とか「○○さん」と呼ぶのが普通だ。ほかにも、中国では役職名で呼ぶか、名前に「○○老」と付けるか、フルネームの呼び捨てでも許される。

この点、韓国は細かい。姓と役職名に加えて「様」を付けて呼ばないといけないのだ。反対に、中国では上司が部下を呼び捨てにするが、韓国では上司も部下の名に役職名をつけて呼ぶ。

働 転職と起業

中国人と韓国人は日本人より職を変える。

履歴書の転職歴は名誉か不名誉か!?

終身雇用が理想とされてきた日本に対し、中国や韓国では、働き盛りの40代が誇らしげに「会社をやめました」と言っても、周囲はおどろかない。日本では転職歴が多いと「コイツは長続きしないのか?」と、信用されない。ところが、中国や韓国では逆に転職歴の多さはビジネスパーソンの勲章にもなる。有能な人物ならヘッドハンティングで移籍することがめずらしくないからだ。

とくに韓国のサムスン電子や現代のような財閥系企業は、創業者一族が経営を独占している。いくら有能でも容易には取締役クラスになれないため、40~50歳ぐら

知り合いに起業者がいる割合

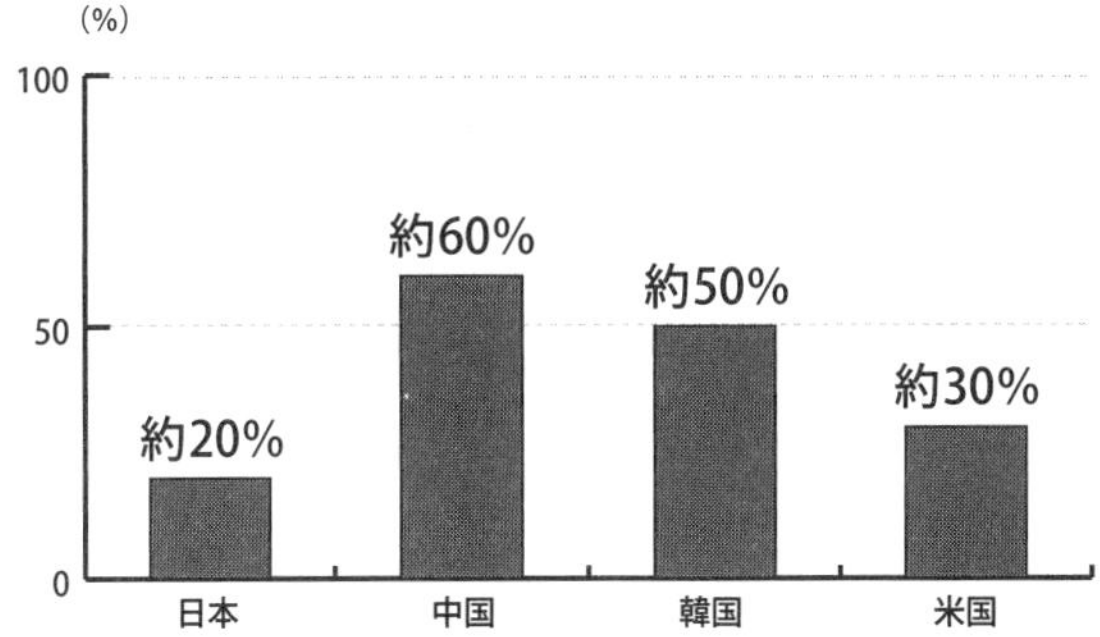

経済産業省の平成21年度創業・起業支援事業『(起業家精神に関する調査) 報告書』より作成

日本はもちろん、中韓はアメリカより起業意欲は高い。

いで退職する人が少なくない。

日本企業のエンジニアが韓国企業に引き抜かれた話をよく耳にしないだろうか。日本では、ヒット商品を開発しても個人ではなくチームの業績となるため、より良い待遇を求め、個人を優遇する韓国企業の誘いを受けるのだ。

こうして韓国企業は人材を集め、自社製品の質を向上させている。

起業家が多い中韓

新興国である中国と韓国では、起業

する人が日本より多い。

２００９年に日本の経済産業省が実施した調査によると、「過去2年以内に新たにビジネスを始めた人を個人的に知っている」という人の割合が、日本は21％、アメリカは32％、そしてなんと韓国は50％、中国は57％にものぼった。

ただし、個人で起業する人が多くても、長く続くとは限らない。血筋を重んじる中国と韓国では、名のある財閥がいくつもある反面、日本のような代々続くラーメン店や焼肉店など、老舗《しにせ》の個人商店は少ないのだ。

キャリアアップを目指す中国・韓国

昔から先祖代々の土地への愛着が強い日本人は、最初の就職時から定年を迎えるまで同じ場所で働き続けたいという「定住と定職」の意識が強い。その反面、前述のとおり、中国と韓国は「移住と転職」が当たり前になっている。

古代から中国内陸部の黄土地帯は、乾燥気候により長期の農耕に向かなかった。そのため、新たな土地への移住をくり返す農民が多かった。加えて、10世紀ごろから税金は米などではなく現金で納めるよう決められ、農業より商売を生業《なりわい》にする人が増えていった。陸続きで中国の戦乱の影響を受けやすかった朝鮮半島も、同じ傾向にあるようだ。

江戸時代の日本には、「士農工商」という厳格な身分制度があり、農民がいくら努力しても武士にはなれなかった。いっぽう中国と韓国では、科挙という国家試験があり、農民や商人の家系でも受験でき、合格すれば役人になれた。

そうした事情もあってか、日本が「同じ職場でじっくり成長」するのに対して、中国や韓国では昔から、「転職してキャリアアップする」のが当たり前なのだ。

覚えておこう!

転職と起業の3つのポイント

① 中韓では40代の転職・起業はザラ。

② 年功序列と終身雇用は日本だけ。

③ 中韓では、日本ほど家業を継がない。

働 ビジネス上の人間関係

地縁・血縁・学閥がビジネスに深くかかわる。

人と人の結びつきは日本以上

ビジネスで取引に行き詰まったら、相手の会社にいる親類や、同郷出身の有力者、同じ大学の先輩などに仲介を頼んで話をつけてもらう……。中国や韓国では、このような地縁・血縁・学閥などのコネが、日本より通じやすい。

戦後の日本では、財閥解体や農地改革の結果、財界や地方での古くからの血縁や地縁の力が薄れ、世の中が豊かになるにつれて個人主義が進んだからだ。

だが韓国では戦後、軍事政権下で財閥や学歴エリートを育成した。今も大企業は同族経営が多く、ソウル大学や高麗大学などの学閥の結束力も強い。

中国は、経済活動の自由を認められているが、政策や人事は共産党が独占。有力者とのコネを通じて利益を得ようとする者が多く、汚職があとを絶たない。中国でのビジネスを成功させるには、地元の地権者や治安を担当する警察幹部、地区の共産党関係者など顔のきく有力者と親しくなるのが、手っ取り早いのだ。だからといって賄賂は犯罪となるし、見えすいたお世辞では相手に足元を見られる。

信頼関係を築く糸口のひとつは、相手の伝統文化を知ることだ。日本でも取引相手の故郷の武将や作家、名物などを知っていれば、一目置かれるのと同じ。もし相手が河南省出身だと名乗ったら、日本の高校でも習う杜甫《とほ》の漢詩を一節、そらんじるといった具合だ。そうすれば、相手との距離をグッと縮められ、ビジネスも円滑に進むだろう。

覚えておこう!

人間関係の3つのポイント

①中韓は、日本よりコネが効く。

②大企業や大学出身者の結束力が強い中韓。

③コネが効く分、汚職が発生する中国。

本書は、祥伝社黄金文庫のために書下ろされました。

祥伝社黄金文庫

冠《かん》婚《こん》葬《そう》祭《さい》からビジネスまで

徹《てつ》底《てい》比《ひ》較《かく》！ 日《にっ》中《ちゅう》韓《かん》 しきたりとマナー

平成25年4月20日　初版第1刷発行

監　修　一《いち》条《じょう》真《しん》也《や》　　編　著　造《ぞう》事《じ》務《む》所《しょ》

発行者　竹内和芳

発行所　祥伝社《しょうでんしゃ》

〒101－8701
東京都千代田区神田神保町3－3
電話　03（3265）2084（編集部）
電話　03（3265）2081（販売部）
電話　03（3265）3622（業務部）
http://www.shodensha.co.jp/

印刷所　堀内印刷

製本所　ナショナル製本

　ISBN978-4-396-31606-8 C0195